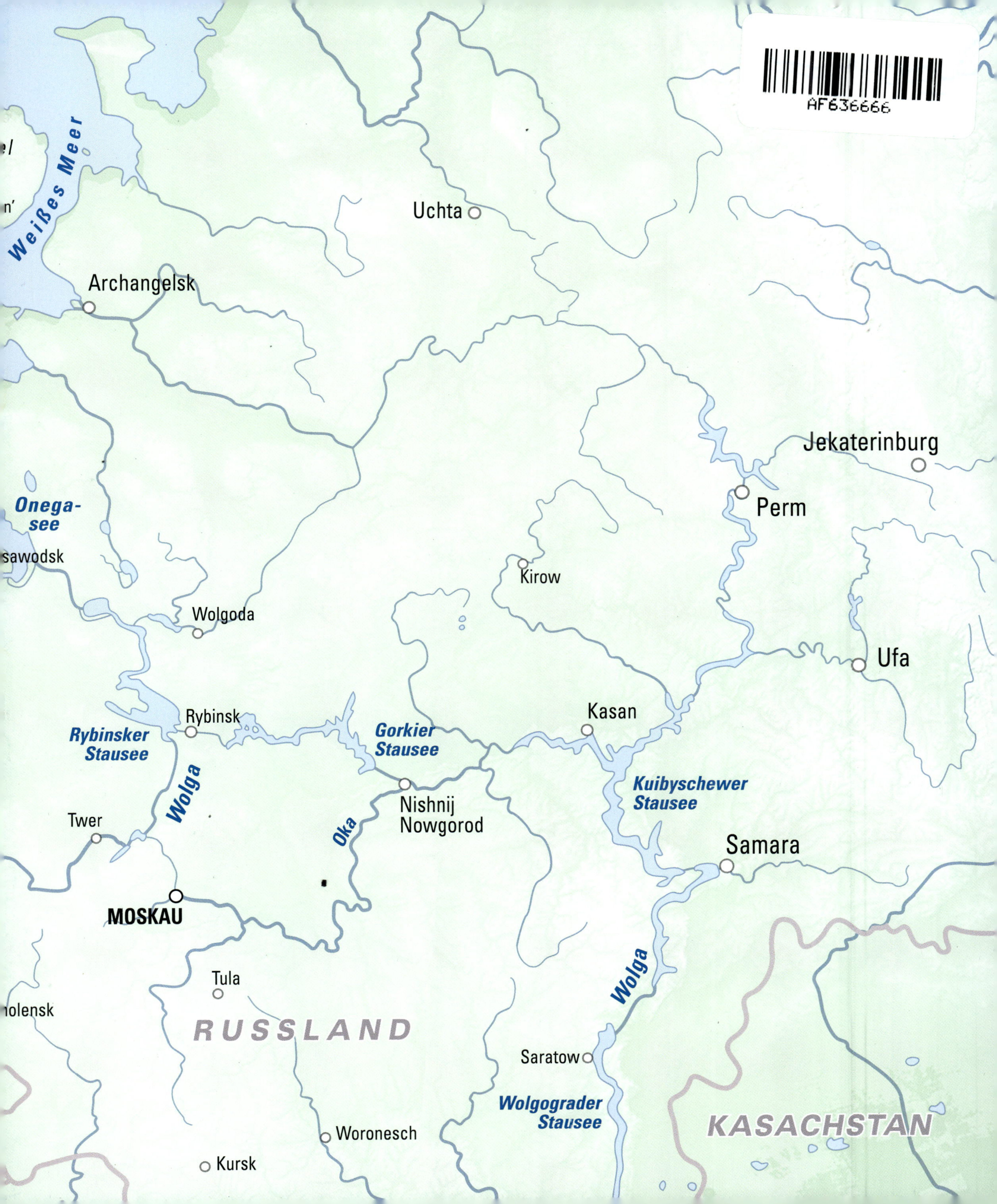
Weißes Meer
Uchta
Archangelsk
Jekaterinburg
Perm
Onega-
see
sawodsk
Kirow
Wolgoda
Ufa
Kasan
Rybinsk
Rybinsker
Stausee
Gorkier
Stausee
Kuibyschewer
Stausee
Nishnij
Nowgorod
Wolga
Oka
Twer
Samara
MOSKAU
Wolga
Tula
iolensk
RUSSLAND
Saratow
Wolgograder
Stausee
KASACHSTAN
Woronesch
Kursk

Jo Deleker, Elke Potthoff, Andreas Hülsmann, Heinz E. Studt

Die schönsten **Motorradtouren** in Osteuropa

gefahren und beschrieben von
bekannten Motorradjournalisten

BRUCKMANN

Inhalt

Der Osten Europas verspricht überraschende Entdeckungen, egal ob in der historischen Altstadt von Sighişoara in Rumänien (links) oder im griechischen Frühling (rechts).

Die Autoren

Jo Deleker

Jo Deleker (www.jodeleker.de) fotografiert und schreibt seit über 30 Jahren Reisegeschichten für internationale Motorrad-, Outdoor-, Foto- und Reisemagazine. Nach einem Dipl.-Ing.-Studium volontierte er bei der Motorpresse Stuttgart und ist dort als Redakteur beschäftigt. Jährlich ist er drei bis fünf Monate unterwegs – vorzugsweise mit dem Motorrad, aber auch zu Fuß durch den Himalaya, mit dem Kajak durch die Fjorde Grönlands, dem Fahrrad durch Alaska oder dem Schiff in die Antarktis. Seine vorgestellten Touren führen durch Litauen (S. 32), Tschechien (S. 54), in die Hohe Tatra (S. 66), durch Rumänien (S. 80), Bulgarien (S. 88), Kroatien (S. 96), Griechenland (S. 118), Kreta (S. 126) und die Türkei (S. 142).

Andreas Hülsmann

Andreas Hülsmann ist vom 16. Lebensjahr an auf motorisierten Zweirädern unterwegs. Seit Mitte der 1990er-Jahre arbeitet er als freier Journalist vorwiegend im Motorradbereich. Seine Erlebnisse hat er in über 150 Reisereportagen, drei Bücher, einen Bildband und Vorträge gepackt. Das Buch zur Südamerikareise »Auszeit« gehört zu den Bestsellern im Bereich der Motorrad-Reise-Literatur. Im November 2006 übernahm er die Chefredaktion des Magazins »Motorrad ABENTEUER«. Dann wurde die Sehnsucht nach der Ferne jedoch wieder zu groß, und Andreas Hülsmann machte sich im Mai 2009, zusammen mit seiner Frau Claudia, ein weiteres Mal für mehrere Monate auf den Weg. Ob die Weite Sibiriens, die Wüsten Australiens oder die Höhen des Himalaya und der Anden, mit seinem Motorrad hat er die hintersten Winkel der Erde bereist. Im Herbst 2014 hat er wieder die Chefredaktion von »Motorrad ABENTEUER« übernommen. Von ihm stammen die Artikel zu Finnisch-Karelien (S. 8), Russland (S. 134) und Armenien (S. 150).

Elke Potthoff

Elke Potthoff, wohnhaft in Augsburg, erliegt seit ihrem 16. Lebensjahr der Faszination Motorrad und betreibt zusammen mit ihrem Mann Jochen die Motorradwebsite www.bikerdream.de. Gemeinsam unternehmen sie ausgedehnte Touren, am liebsten abseits typischer Motorradziele, und berichten in Motorradzeitschriften und auf der eigenen Website davon.
Die osteuropäischen Länder und Regionen bereisen sie immer wieder sehr gerne, fasziniert von den urwüchsigen Landschaften, den vielleicht etwas anderen Motorradzielen (Stichwort »lost places«) und den herzlichen Gastgebern. Die in diesem Buch vorgestellten Touren führen nach Estland (S. 16), Lettland (S. 24), in die Kaschubische Schweiz (S. 40), in die Beskiden (S. 46), nach Tschechien (S. 54), Montenegro (S. 104) und Albanien (S. 112).

Heinz E. Studt

Mitte der 1990er-Jahre begann Heinz E. Studt (heinz-studt.de) damit, drei seiner Leidenschaften zum Beruf zu machen: Motorradfahren, Fotografieren und Schreiben. Seit 1997 veröffentlicht er u. a. Reisereportagen, Techniktests und bislang über 40 Bücher. Seine Vorliebe gilt großen Reiseenduros sowie allen Landschaften Europas. In diesem Buch nimmt er Sie mit auf eine Tour durch Ungarn (S. 72),

Vorwort

Mit dem Motorrad nach Osteuropa? Da graben so manche Bedenkenträger ihre alten Vorurteile aus, andere wiederum erzählen begeistert von spannenden Entdeckungen im früheren Ostblock, von grandiosen Landschaften und herzlichen Menschen. Wer den Charme im Osten unseres Kontinents einmal erfahren hat, der kommt immer wieder.

In diesem Buch geht es aber längst nicht nur um die Länder des ehemaligen Ostblocks, wir interpretieren die Region Osteuropa viel weiter, viel überraschender. Lassen Sie uns weit im Norden des Ostens starten: in Karelien, einer einsamen Region, die sowohl zu Finnland als auch zu Russland gehört. Die weitgereisten Autoren spannen den Bogen ihrer Erzählungen weiter Richtung Süden, entdecken die baltischen Staaten, kreuzen durch Polen und finden dann endlich die ersten nennenswerten Berge im Riesengebirge und der Hohen Tatra.

Kreuz und quer geht es durch die Länder des Balkans und von dort weiter in den Süden, nach Griechenland und Kreta. Der Bosporus ist nicht mehr weit, hier endet Europa. Jenseits der Meeresenge beginnt der Orient, der Blick hinüber löst wohl bei jedem Reisenden eine mächtige Neugier und die Lust nach weiterer Ost-Erfahrung aus. Und so erweitern wir abermals den Blickwinkel, drehen den Lenker auf Kurs Ost und erleben den asiatischen Teil der Türkei bis in den faszinierenden „fernen Osten“ am legendären Vulkan Ararat.

Die 20 Reisegeschichten in diesem Buch zeigen ein wenig von der ungeheuren Vielfalt im östlichen Europa. Wir, die Autoren, hoffen, mit unseren Erzählungen und Bildern Ihre Neugier und Entdeckerlust zu wecken. Denn der Osten Europas lohnt jede Reise zwischen den extremen Eckpunkten an der Barentssee und dem Schwarzen Meer. Machen Sie sich auf den Weg, Sie werden überrascht sein.

Jo Deleker

Blick auf die Hohe Tatra von der polnischen Seite bei Zakopane.

FINNISCH-KARELIEN

Die zweite Seite

Karelien hat neben der russischen auch eine andere Seite, denn ein Teil dieser Region gehört zu Finnland. Wer sich in den äußersten Winkel der EU aufmacht, durchstreift eine fast menschenleere Region.

Die Einsamkeit hat im Norden Europas einen Namen – Via Karelia. Die [illegible] führt in [illegible] durch [illegible]

Helge fragt die Daten ständig ab. »Wie viel?« »Fast zwölf Sachen!«, checke ich kurz. »Echt jetzt?«, hakt Helge nach. »Ganz sicher und das laut GPS.« Die Untersuchung findet in einem riesigen Versuchsfeld statt, Testkandidaten gibt es mehr als genug. Finnisch-Karelien muss ein Paradies für Mücken sein. Warum sollte es sonst so viele von diesen Blutsaugern in dieser Gegend geben. Einige dieser Exemplare tanzen bei mehr als zwölf Stundenkilometern immer noch vor meinem Visier herum. Die Viecher müssen wirklich ausgehungert sein, denn sie lassen nicht locker. In dem Gebiet entlang der russischen Grenze findet sich nicht viel menschliches Leben. Die Orte liegen weit auseinander, dazwischen dann und wann ein Haus oder ein kleines Gehöft. Das hier ist nicht Lappland, es ist immer noch der Süden Finnlands, aber wir bewegen uns in der östlichen Ecke von Skandinavien.

Saimaa, der größte See Finnlands

Etwas orientierungslos sind wir bisher durch die Wälder gestromert. Immer wieder warfen uns Warnschilder zurück. Die Grenze zu Russland ist auch in Finnland ein sensibler Bereich. Der Mittag ist längst vorbei, als wir, ausgehend von Helsinki, Lappeenranta erreichen. Die Stadt liegt am Ende des Saimaakanals, direkt am Saimaasee, dem größten Gewässer in Finnland. 14 000 Inseln soll es geben. Mit einer Fläche von 4370 Quadratkilometern ist der Saimaa der viertgrößte See Europas.

Es wird langsam Zeit, eine Station für die Nacht zu finden. Sorglos gehen wir die Suche nach einem Campingplatz an. Wir sind schließlich in Skandinavien. Haben die nicht das Übernachten im Freien erfunden? Folglich rechnen wir mit einem üppigen Angebot an Möglichkeiten. Aber nichts da! Wir durchforsten die Ufer des Saimaasees, hangeln uns von Ort zu Ort. Irgendwo an diesem 14 850 Kilometer langen Seeufer muss es doch einen Platz geben, wo wir die Lappenbude aufstellen können, notfalls auch wild. Doch so angestrengt wir auch suchen, nicht eine Handbreit Boden eignet sich, um dort ein Zelt zu postieren. Die zwei offiziellen Plätze, die wir gefunden haben, sind leider noch geschlossen – dabei ist es schon Mitte Juni. Es ist kurz vor Mitternacht, als wir endlich einen Platz finden, um die Zelte aufzubauen.

Finnland ist eine Landschaft aus Wald und Wasser (links). Kurze Wege! Auf dem Weg von Joensuu nach Ilomantsi kommt man am nur vier Kilometer von der Route 74 entfernten Jerusalemi vorbei (rechts).

Durchschlagen nach Joensuu

Nord-Ost heißt unser Kurs am kommenden Tag. Wir wollen wieder in das Grenzgebiet und zurück auf die Via Karelia. Die Suche nach einer Bleibe hat uns gestern Abend ziemlich weit abseits der geplanten Route geführt. Direkter Kurs, das funktioniert nicht, da ist uns der Saimaa im Weg, den es zu umfahren gilt. Wir könnten zwar die »5« nehmen, das wäre schnell und einfach, aber sicher auch ziemlich langweilig. Wir schlagen uns durch, nutzen jede Chance für den direkten Kurs, nehmen die eine oder andere Fähre, die immer dort zum Einsatz kommen, wo mit Straßen und Brücken nichts mehr geht.

Immer zwingen uns Seen zu Umwegen. Einer dieser Abstecher führt vorbei am Linnansaari-Nationalpark, der in den 1950er-Jahren gegründet wurde, um die Natur der finnischen Seenplatte zu schützen. Wir trödeln weiter Richtung Osten und quartieren uns auf dem Campingplatz in Joensuu ein. Der Platz wirkt aufgeräumt, fast steril, über seine Lage am Rand der Stadt könnte man sicher auch noch diskutieren. Aber: Er hat geöffnet und eine Mitgliedschaft, wie beim letzten Camping, ist auch nicht nötig. Joensuu hat dazu einen großen Vorteil. Die kleine Stadt liegt zentral und direkt an der Via Karelia.

Von Ilomantsi zum östlichsten Punkt Finnlands

Knapp 70 Kilometer weiter im Osten liegt Ilomantsi, ein Kleinod in den finnischen Wäldern. Die Karte hat uns in die kleine Stadt gelockt, denn um sie herum gibt es ein wahres Gewirr aus kleinen Wegen und Pisten, auf denen wir heute unterwegs sein wollen. Doch dazu kommt es nicht. Der Tourist-Manager von Ilomantsi macht uns einen Strich durch die Rechnung. Er legt uns den östlichsten Punkt der Europäischen Union ans Herz. Wenn es eine Möglichkeit in Finnland gibt, ganz nah an die russische Grenze zu kommen, dann dort. Detailreich zeichnet er eine grobe Skizze, wie wir ohne großen Umweg dorthin kommen. Wir müssten nur aufpassen, dass wir nicht zu nah an die Grenze fahren, und wir sollen unbedingt die Warnschilder beachten. Okay, diesen Punkt zu finden, ist eine Herausforderung. Nicht dass er nicht ausgeschildert wäre, aber die Sprache auf den Schildern ist Finnisch.

»Die Karte hat uns nach Ilomantsi gelockt, denn rund um die kleine Stadt gibt es ein wahres Gewirr aus kleinen Wegen und Pisten.«

Gleich am Ortsausgang von Ilomantsi zweigt die kleine Straße nach Möhkö ab. Bis dorthin ist die Orientierung einfach, aber danach müssen wir sehr genau navigieren. Der Weg führt zunächst vorbei am alten Runendorf Parppeinvaara, ein Freilichtmuseum mit Häusern im karelischen Baustil, direkt südlich von Ilomantsi. Möhkö Downtown ist nach 24 Kilometern erreicht. Der Ort besteht aus nicht mehr als ein paar hingewürfelten Häusern. Aber es gibt Attraktionen. Direkt am Ufer des Anninkoski wurde ein Café in ein altes Frachtschiff eingepflanzt. Die Highlights im kulinarischen Angebot, selbst gemachte Limonade und ein Apfelkuchen aus eigener Herstellung, sind Köstlichkeiten, denen man sich nicht entziehen kann.

In Hattuvaara befindet sich der Abzweig zum Ostpol der EU. Das kleine Schild, das uns von der »5004« kurz hinter Möhkö lockt, bleibt der einzige Hinweis auf das Dorf. Weitere Wegweiser gibt es nicht, und auch das GPS stößt an seine Grenzen. Wir mogeln uns durch. Immerhin sind wir nicht allein, es gibt weit verstreut Gehöfte, Anzeichen dafür, dass es in dieser Gegend menschliches Leben gibt. Knapp eine Stunde später erreichen wir den Ort. Von hier aus sind es noch weitere 20 Kilometer bis zum östlichsten Punkt der »kontinentalen EU« – nur im griechischen Teil von Zypern gibt es noch Orte, die weiter östlich liegen.

Die letzten Kilometer führen durch Wald. Bäume sind mit gelben Ringen markiert, ein Hinweis darauf, dass die Grenzzone beginnt. An jedem Abzweig befindet sich ein Warnschild, das die Weiterfahrt auf diesem Weg verweigert. Die Straße endet an einem kleinen Parkplatz, die letzten Meter zum See Virmajärvi müssen zu Fuß bewältigt werden. Flatterband weist den Weg zur Grenze. Eine Tafel mahnt, diesen Weg nicht zu verlassen. Bis auf 0,1 Meter genau ist der Grenzverlauf festgelegt.

Heiße Tage beim Weihnachtsmann. Der »Joulupukki« ist am Polarkreis in Rovaniemi zu Hause (links). »Hiljainen Kansa«, das Stille Volk: An die 900 Figuren stehen nördlich von Soumussalmi im Nichts (rechts).

An dieser Stelle verläuft die Trennlinie direkt durch den Virmajärvi. Die finnischen und russischen Pfosten stehen sich auf einer Insel gegenüber. Sogar videoüberwacht wird dieser Punkt, so steht es zumindest auf einem Schild.

Weiter Richtung Suomussalmi

Auch der kommende Tag hält wieder bestes Wetter für uns bereit. Bis auf ein paar Regentropfen ist uns Nässe bisher erspart geblieben. Das gute Wetter steigert die gute Laune, heute soll es mächtig nach oben gehen. Wer aber weit fahren will, braucht viel Benzin. Für 330 Kilometer reicht es bei der Africa Twin und es wäre sicher auch noch ein bisschen mehr drin. Aber hier zu testen, wie weit die Honda wirklich kommt, erscheint mir leichtsinnig, denn das Tankstellennetz wird mit jedem Kilometer Richtung Norden dünner.

Unser grobes Ziel ist Suomussalmi, irgendwo dort wollen wir den Tag beenden. Auf halbem Weg Richtung Suomussalmi liegt Nurmes. Der Ort ist das kulturelle Zentrum von Oberkarelien. Einige Häuser im karelischen Baustil gehören zu den Attraktionen der 8000-Seelen-Gemeinde. Das größte von ihnen ist das Bomba-Haus, ein riesiges Gebäude aus Holz, mit fetten Balken, die statische Grundausstattung für das Gebäude. Der Namensgeber ist Jegor Bomba. Der Mann ließ im 19. Jahrhundert das größte Haus in ganz Karelien bauen. Der ursprüngliche Standort liegt auf russischem Territorium, doch dieses Gebäude existiert heute nicht mehr.

Am Nachmittag schlendern wir Suomussalmi entgegen, wobei wir den Fokus stets auf kleine Straßen richten. Was auffällt in dieser Gegend, sind die leer stehenden Häuser. Manche sogar gut in Schuss, so als hätten die Bewohner gerade abgeschlossen, um zum Einkaufen zu fahren. Den Leerstand erkennt man an den Gärten, in denen das Grün schon seit einiger Zeit ohne ordnende Hand gedeiht.

Am späten Nachmittag erreichen wir Suomussalmi. Der Ort hat gelitten, 70 Jahre ist das her. Hier oben tobten die Auseinandersetzungen zwischen Russland und Finnland, die als Winterkrieg in die Geschichte eingingen, besonders heftig. Überall erinnern Soldatenfriedhöfe, Schützengräben, Unterstände und sogar alte Panzer an diese Zeit. Heute geht es in

Die Finnen lieben den »American Way of Life«.

Suomussalmi weitaus fröhlicher zu. Die Abgeschiedenheit des Ortes hat so manchen kuriosen Wettbewerb hervorgebracht, etwa die Weltmeisterschaft in Preiselbeerpflücken. Die findet schon seit zwei Jahrzehnten immer im September statt. Es gibt dabei unterschiedliche Disziplinen. Gepflückt wird meist im Team per Hand oder mit der Harke. Eine Stunde dauert der Wettbewerb, dann wird gewogen. Gute Teams schaffen in dieser Zeit bis zu zehn Kilogramm Preiselbeeren, insgesamt werden bei der Weltmeisterschaft an die 400 Kilogramm geerntet.

Meine Arroganz, die örtliche Tankstelle nicht zu beachten, rächt sich am nächsten Tag und ich muss schon nach wenigen Kilometern den Reservekanister bemühen. Kurz darauf stoppt uns »Hiljainen Kansa«, das stille Volk. 900 Stumme stehen auf einem Feld am Straßenrand, Figuren mit Torfköpfen und bunten Kleidern. Seit dem Jahr 1994 stehen sie schon dort und sind über die Grenzen Finnlands hinaus berühmt. Eigentlich war die schweigsame Truppe Requisite für eine Tanzaufführung. Zum Entsorgen zu schade, befanden die Einwohner von Suomussalmi und parkten die 900 Figuren auf diesem Feld. Zweimal im Jahr werden die Torfköpfe aufgefrischt, sie bekommen dann neue Frisuren und Kleider. Letztere stehen zur freien Verfügung. Besucherinnen und Besucher dürfen ihre Klamotten mit denen der Figuren tauschen.

Besuch beim Weihnachtsmann

Am Abend erreichen wir Rovaniemi, die Stadt, in der der Weihnachtsmann direkt am Polarkreis seinen Wohnsitz hat. Der war übrigens 2015 pleite. 200 000 Euro schuldete er bzw. das Unternehmen, das das Büro vom »Joulupukki« betreibt, der finnischen Steuerbehörde. Von der einstigen finanziellen Schieflage ist heute nichts mehr zu spüren, immer noch kommen jährlich an die 300 000 Besucher in die Hauptstadt Finnisch-Lapplands, um den Weihnachtsmann zu sehen und sich ihr Polarkreis-Zertifikat abzuholen.

Wir fahren am kommenden Tag weiter Richtung Osten Richtung Salla, einem der beiden Ausgangspunkte der Via Karelia. Die Grenze zu Russland ist wieder einmal nah. Wie an den Tagen zuvor zieht auch heute wieder eine schier kosmische Anzahl an Birken und Fichten an uns vorbei. Bei Hautajärvi an der

Straße 950 passieren wir wieder den Polarkreis in südlicher Richtung. Hier vollzieht sich der Übergang still und leise, nicht so protzig wie in Rovaniemi.

Wir behalten den südlichen Kurs bei und wollen entlang der Küste zurück nach Helsinki fahren. Die Ostseeküste versuchen wir über kleine Wege zu erreichen und stochern mit den Motorrädern wieder in den Wäldern herum. Dabei ergeben sich ein weiteres Mal optimale Bedingungen für eine Testreihe und wir sind gespannt auf das Ergebnis. Wird sich dadurch doch die Frage klären lassen, ob die Mücken in Finnisch-Lappland schneller fliegen als im Süden des Landes? Wir brauchen einige Kilometer, bis der Versuchsaufbau steht, doch dann hängen sich ein paar dieser Stechviecher wieder ans Visier. Eines der Exemplare gibt erst bei sage und schreibe 14 Stundenkilometern auf. Das Resultat steht also fest: »Nematocera Lapplandius« ist schneller.

REISEINFOS

ALLGEMEINES

Karelien reicht in der Ost-West-Ausdehnung vom Weißen Meer bis zur Ostsee. In Nord-Süd-Richtung erstreckt es sich vom Polarkreis bis zum 60. Breitengrad (Höhe Helsinki). Karelien ist geteilt, der größte Teil der Region liegt in Russland. In Finnland wird zwischen Nord- und Südkarelien unterschieden.

ANREISE

Der schnelle Weg nach Karelien bzw. Finnland führt über die Ostsee mit Finnlines (www.finnlines.com). Die Fähre startet in Travemünde und erreicht nach ca. 29 Stunden und 611 Seemeilen Helsinki.

REISEZEIT

Die beste Reisezeit ist der Sommer von Anfang Juni bis Ende August. In dieser Zeit liegen die Temperaturen im Mittelwert zwischen 18 und 25 Grad, aber auch Temperaturen bis 30 Grad sind möglich. Wer Stechmücken vermeiden möchte, der sollte im Herbst oder Frühjahr nach Finnland reisen, dann ist aber mit Temperaturen von 5 bis 16 Grad zu rechnen.

TOUR-CHECK

Länge: 3000 km
Schwierigkeit: Leicht bis mittel
Streckenbeschaffenheit: Überwiegend Asphalt, Nebenstrecken gute Schotterpisten
Besonderheiten: Im Norden werden die Distanzen zwischen den Tankstellen größer.

ÜBERNACHTUNGEN

In Finnland gibt es mehr als 350 Campingplätze. Die Hauptsaison reicht von Mitte Juni bis Mitte August. In Finnland gilt das Jedermannsrecht, das es gestattet, für eine Nacht sein Zelt in der Natur aufzuschlagen. Voraussetzung: Es darf keine Privatsphäre verletzt werden. Auch Schutzgebiete und Nationalparks sind tabu, dort darf man nur in ausgewiesenen Arealen übernachten. Infos unter www.camping.fi

KARTE

»Finnland« Autokarte im Maßstab 1:500 000, Freytag & Berndt, ISBN 978-3-7079-0579-3

Auf kurvigen Straßen kurven wir am Peipussee entlang.

ESTLAND

Im Norden des Baltikums

Estland mit dem Motorrad, das heißt: Touren am Ufer des Peipussees, im Kurvenland des Lahemaa-Nationalparks und salziger Fahrtwind an der Ostsee, die die Esten im Übrigen Westsee nennen.

Die Einwohner des Baltikums bezeichnen sich gern als die letzten Heiden Europas. Für alles zeichnen sie einen Gott verantwortlich, für das Brüllen von Ochsen, für die Haselnussernte, einen Gott für den ersten Kuchen, einen Gär-, Met- und Braugott, eine Schweinegott – die Liste ließe sich fast unendlich und unterhaltsam fortsetzen. Auch einen Gott der Reisenden gibt es. Wir reisen also wohlbehütet.

Auf unserem Weg zum Peipussee grenzt ein fürstliches Gemäuer an die Straße. Ein typisches Backstein-Herrenhaus aus dem 19. Jahrhundert. Das Schloss Sangaste heißt auf Estnisch »Sangaste loss«. Die ehemalige Besiedelung durch deutschen Adel ist in der Sprache heute noch sichtbar. Der Eingangsbereich wartet mit einer akustischen Besonderheit auf. Stellen sich zwei Personen an die jeweils gegenüberliegenden Ecken des überdachten Eingangsbereiches, können sie sich, obwohl meterweit voneinander entfernt, flüsternd unterhalten.

Der Bodensee ist eine Pfütze dagegen

Nach dem Grenzübertritt von Lettland in Richtung des estnischen Peipussees treffen wir bei Varnja auf die kleine Straße, die am Seeufer entlang nach Norden führt. Durch das Gewässer verläuft die Grenze zu Russland. Der Bodensee würde mehr als sechsmal hineinpassen. Die Ufer sind gesprenkelt von zentnerschweren Findlingen, die die letzte Eiszeit hier abgeladen hat. Links und rechts der Straße reihen sich kleine, meist holzverkleidete Häuser aneinander. Dazwischen gelegentlich kleine orthodoxe Kirchen mit goldener Kuppel. Hier siedeln die altgläubigen Russen, die man wegen des für die Region typischen Zwiebelanbaus im Volksmund auch Zwiebelrussen nennt. Die Altgläubigen widersetzten sich ab Mitte des 17. Jahrhunderts den Kirchenreformen und flohen in diese einsame Gegend, um den Nachstellungen zu entgehen. Sie leben seither nicht viel anders als zur Zeit ihrer Ansiedlung.

»Was ihr wollt. Kleine Würste. Große Würste. Soljanka …«

Es ist schon gegen 19 Uhr und im Willipu-Guesthouse in Kallaste ist kein Zimmer mehr frei. Die Abende sind sehr lang

Eigentlich wollten wir eine Nacht in einem Schloss verbringen. Da wir um die Mittagszeit eintreffen und kein Zimmer mehr frei ist, fahren wir schließlich weiter (links). Der Peipussee: bekannt wegen der winterlichen Schlacht, die im 13. Jahrhundert auf dem zugefrorenen See stattfand (rechts).

hell, da verschiebt sich unser Tagesrhythmus merklich nach hinten. Zunehmend lehrt uns die Erfahrung: Ein Bett findet sich garantiert. Vor einem Haus, an dem ein Schild über der Tür mit »Anna Café & Gasthaus« wirbt, stellen wir das Motorrad ab und treten in einen plüschigen Gastraum. Hinter der Theke begrüßt uns Anna, eine kleine Russin mit ausladender Figur. Klar ist ein Zimmer frei. Wir sind offensichtlich die einzigen Gäste. Anna macht uns Abendessen. Als wir fragen, was es gibt, antwortet sie in gebrochenem Deutsch: »Was ihr wollt! Kleine Würste. Große Würste. Soljanka …«

Am nächsten Morgen beantwortet Anna die Frage nach den Frühstückszutaten wieder mit »Was ihr wollt. Würste, Fisch, Kartoffeln …« Uns reicht etwas Brot und Süßkram, danach geht es weiter Richtung Ostsee. Das Kloster Pühtitsa liegt praktisch auf dem Weg. Ein russisch-orthodoxes Kloster, von Nonnen bewirtschaftet. Als wir ankommen, folgen gerade 200 Menschen einer Prozession. Deswegen lassen wir uns Zeit, um nicht zu stören. Als sich die Masse etwas zerstreut, schlendern wir über das weitläufige Klostergelände zum Garten. Aus einem Gebäude hinter der Kirche dringt Essensduft. Wir treten den Rückzug an, doch Jelena, eine zierliche Dame mit rötlichen Haaren und locker darüber geworfenem Tuch, meint in russischer Sprache, jeder Gast müsse hier etwas essen, es gäbe Salat und »….«, na ja, alles verstehen wir nicht. Wir zieren uns ziemlich, möchten aber nicht unhöflich wirken. Also gibt es einen kleinen Snack und einen holprigen Smalltalk mit Jelena.

Kurven cruisen im Lahemaa-Nationalpark

Diese nordöstliche Ecke von Estland ist ruhig, wobei alle ländlichen Gegenden so ruhig sind, da Dreiviertel der estnischen Bevölkerung in Tallinn lebt. Irgendwo hier müssen sich auch Elche in den Wäldern verstecken. Gerne hätten wir einen gesehen, doch mussten wir uns bisher mit dem Verkehrsschild »Warnung vor dem Elch« begnügen. Als Nächstes gelangen wir nach Aa. Dass wir uns wirklich in Aa befinden, macht uns jedoch nur unser Navi begreiflich, denn das Ortsschild ist wohl abhandengekommen.

Ein ganzes Stück später begeistert uns ein Schild »16 km kurvige Strecke«! Kein Wunder, dass uns hier andere Motorradfahrer aus Estland oder auch Finnland entgegenkommen. Die Straßen machen echt Laune! Jetzt befinden wir uns im

Lahemaa-Nationalpark. Übersetzt heißt »Lahemaa« Buchtenland, der Name bezieht sich auf die tief eingeschnittenen Meeresbuchten. 30 Prozent des Gebiets wird von schattigen Wäldern bedeckt, in denen saftige Heidelbeeren und süße Walderdbeeren auf Naschmäuler warten, allerdings warten wiederum auch viele hungrige Mücken auf die Naschmäuler. Eine perfekte Nahrungskette.

Käsmu – Dorf der Kapitäne

Wir cruisen behäbig zur nächsten Halbinsel. Käsmu nennt man auch das »Dorf der Kapitäne«, da hier bis 1931 eine Schifffahrtsschule betrieben wurde und Kapitäne des 19. und 20. Jahrhunderts vielfach aus Käsmu kamen. Das Dörfchen schmückt sich mit dem größten Findlingsfeld des ganzen Landes, im Nationalpark gibt es davon Tausende. Wenn es ein Wahrzeichen für die baltische Ostseeküste gibt, dann sind es diese Findlinge. Am Strand steht das einzige Relikt aus sowjetischen Zeiten, das von der Abgeschirmtheit dieser Region berichtet: ein Wachturm. Viele Meter hoch, verrostet und nutzlos. Nutzlos bis auf die Mahnungen, dass Freiheit ein hohes Gut ist.

Hara Sadam – »Sadam« steht für Hafen – ist unser nächster Waypoint. Unweit des Dorfes Hara hatten die Sowjets eine streng geheime U-Boot-Basis errichtet und die Küste zum Sperrgebiet erklärt. Heute noch sichtbar sind lange Betonbrücken und schmale Gebäude, die ins Meer hineinragen. Manche stehen alleingelassen im Wasser, die verbindenden Strukturen sind verfallen oder wurden absichtlich zerstört.

Die Strecke bis Haapsalu an der Westküste Estlands beschert uns eine etwas längere, aber gelassene Fahrt. Das Schmuckstück Haapsalus ist sein Bahnhof. Als der russische Zar Nikolaus II. im Jahr 1907 das Kurbad besuchen wollte, initiierte er den Bau eines prächtigen Bahnhofs. Das Gebäude besteht aus drei Teilen: Ein Teil dient dem Aufenthalt der Reisenden, einer ausschließlich dem Zaren und zuletzt gibt es einen 214 Meter langen Bahnsteig.

Unser nächstes Ziel ist die größte estnische Insel Saaremaa. Vom estnischen Festland verkehren regelmäßig Fähren zur vorgelagerten Insel Muhu. Diese wiederum ist durch einen befahrbaren Damm mit Saaremaa verbunden. Saaremaa war nach Eroberung der Kreuzfahrer deutsch, jedoch gaben sich in den folgenden Jahrhunderten die Dänen, die Schweden und

Wälder, wohin das Auge blickt. Für die Pausen unabdingbar ist ein Mückenabwehrmittel (links). Früher hatte beinahe jeder Hof seine eigene Mühle. Leider sind nur sehr wenige erhalten (rechts). Einfach nur sitzen und dem Rauschen des Meeres lauschen, dafür ist die Sörve-Halbinsel prädestiniert (unten).

schließlich auch die Russen als Herrscher die Klinke in die Hand. Kuressaare ist der Hauptort der Insel, sein Highlight ist die Bischofsburg mit 20 Meter hohen Mauern, vielen Zinnen und wehrhaften Türmen. Nachdem wir uns kurz orientiert haben, ergattern wir ein Zimmer in einem kleinen Hotel, das am Rande des Stadtkerns von Kuressare liegt. Hier spricht der Hotelchef sogar deutsch.

Bis zum Ende der Sõrve-Halbinsel

Am nächsten Morgen brechen wir zu einer Saaremaa-Rundtour auf. Von Kuressaare bis zum Ende der Sõrve-Halbinsel sind es 50 Kilometer. Der Streifen zwischen Straße und Meer wird von der für Saaremaa typischen Alvarlandschaft geprägt. Der Bewuchs besteht aus trockenheitsresistenten Gewächsen, dazwischen stachelige Wacholderbüsche, die auf einer dünnen Vegetationsschicht über kalkhaltigen Felsplatten wurzeln. Das Felskap mit dem Leuchtturm scheint zum Greifen nah. Der Kieselstrand ist einsam und genau das Richtige, um während einer Pause die Seele baumeln zu lassen. Wir schauen aufs Meer hinaus und denken an nichts.

Am Leuchtturm rentiert sich sogar der Betrieb eines Souvenirstandes, denn auch andere Besucher haben es bis hierher geschafft. Verkauft werden verschiedene Keramikgefäße und Küchenwerkzeuge aus Wacholder, das typische Mitbringsel aus Saaremaa. Außerdem Senftöpfchen. Ich schwanke, Senf aus Saaremaa? Das wäre doch mal was. Aber den Senf bis nach Hause schleppen? Lieber nicht. Mit dem Motorrad zu verreisen hat einen großen Vorteil: Den Kauf irgendwelcher Mitbringsel überlegt man sich dreimal.

Wir fahren durch dichte Wälder, vorbei an Mooren und Gehölzwiesen. Stundenlang könnte man hier herumstreifen, sich abwechselnd an Orchideen und krumm gewachsenen Kiefern erfreuen, die der harsche Wind geformt hat. Angesichts der Natur auf Saaremaa kann man der 50 Jahre währenden Abschottung nach dem Zweiten Weltkrieg sogar einen positiven Aspekt abgewinnen. Die Insel wurde ja komplett zum militärischen Sperrgebiet erklärt, weil Saaremaa immense strategische Bedeutung trug. Ein halbes Jahrhundert lang betrat kein Ausländer oder Este aus dem Landesinneren die Insel.

Zwischendurch wechselt sich der Asphaltbelag mit Schotter ab. Aber die Piste ist breit und der Schotter fein – kein Problem für unsere Bereifung und keinesfalls ein Grund, die Geschwindigkeit zu reduzieren. Wir werden nur vom Staub etwas gepudert. Als wir das Waldgebiet verlassen, ragen vor uns auf einem erhabenen Gelände fünf Windmühlen in den Himmel. Die Bockwindmühlen von Angla werden von einem starken Pfosten getragen und können damit je nach Windrichtung gedreht werden. Hunderte Windmühlen gab es einst auf der Insel. Doch nur eine Handvoll ist erhalten. Sie taugen noch als stimmungsvolles Fotomotiv, Mehl mahlen sie jedoch schon lange Zeit nicht mehr.

Rein in die Puschen, raus aus den Puschen. So geht es uns heute den ganzen Tag. Der morgendliche Blick nach draußen lässt uns die Membranen in die Jacken und Hosen zippen. Der Himmel zeigt sich in einem einheitlichen Farbton, nennen wir ihn optimistisch einfach mal weiß. Als wir gestärkt vom Frühstück kommen und vom Aufrödeln des Motorrads erwärmt sind, trennen wir die Membranen wieder heraus. Der Himmel strahlt erneut blau. Was für ein Glück, dass uns das Baltikum meistens mit perfektem Motorradwetter verwöhnt. Also dann, nichts wie los: Wir sind bereit für den Aufbruch zur Fähre Richtung estländisches Festland!

Kommt man zur richtigen Zeit zur Bischofsburg von Kuressaare, kann man ein grandioses Mittelalterspektakel erleben (links). Im Gelände des vom deutschen Orden gegründeten Herrenhauses Aa wohnen heute Senioren in einem Altenheim (oben).

REISEINFOS

ALLGEMEINES

Estland ist eines der kleinsten Länder Europas, die russische Grenze verläuft durch den riesigen Peipussee. Wegen seiner wechselhaften Geschichte hat es viel Überraschendes zu bieten, etwa alte Herrenhäuser, militärische Hinterlassenschaften und viel unberührte Natur. Mehr Infos unter www.bikerdream.de

ANREISE

Estland ist das dritte Land des Baltikums, das man von Deutschland aus erreicht (Litauen/Lettland/Estland). Am bequemsten hat es der Norddeutsche, bei dem die Fähren nach Litauen oder Lettland quasi vor der Haustür ablegen. Doch auch der Landweg über Polen hat seine Reize. Wer auf eigener Achse anreist, muss bedenken, dass er für die Exklave Kaliningrad ein Visum benötigt. Vom Süden Deutschlands sind es rund 1800 Kilometer.

REISEZEIT

Mai bis September. Die Durchschnittstemperaturen pendeln von Mai bis September zwischen 15 und 20 Grad. Die europäische Großwetterlage beschert einem jedoch durchaus auch mal Temperaturen bis 30 Grad.

TOUR-CHECK

Länge: 1250 km
Schwierigkeit: Leicht
Streckenbeschaffenheit: Weitgehend asphaltiert, gelegentliche Abstecher auf Naturpisten möglich
Besonderheiten: Die Natur ist einzigartig, es gibt genug Strecken, die es zu erkunden lohnt, und wer außergewöhnliche Orte mag (Stichwort »lost places«), wird sich hier wohlfühlen.

ÜBERNACHTUNGEN

Guesthouse Rannaliiv in Võsu / Lahemaa (www.rannaliiv.ee), Repo Hotell in Kuressaare / Insel Saaremaa (http://repo.saaremaa.ee), Guesthouse Willipu in Kallaste am Peipussee (www.willipu.ee)

KARTE

Kartenset »Estland Nord und Süd«, Maßstab 1:150000, Freytag & Berndt, ISBN 978-3-70-79-1772-7

Die Kuh-Suche in Ventspils ist eine äußerst unterhaltsame Angelegenheit. Die »Reisekuh«, die größte der Serie, ist Teil des weltweit ausgerufenen Kunstprojekts »CowParade« im öffentlichen Raum.

LETTLAND

Im Reich der langen Abende

Der Westen von Lettland birgt Spaß für alle, die das Außergewöhnliche suchen. Einsame Strände an der Ostsee, Schotterpisten, einiges an »lost places«, aber auch viel Glanz und Gloria.

»›Mit feinem, weißen Sand füllt man in Russland ohne weitere Behandlung Sanduhren‹, erklärt Ainars.«

Gemütlich und mit aller Zeit der Welt tuckern wir, von Litauen kommend, immer an der Küste entlang Richtung Liepāja. Am Wegesrand ächzt ein Holzstrommast unter der Last eines Storchennests. Ein solches Nest kann bis zu acht Zentner wiegen, da wundert man sich, dass der altersschwache Holzstrommast es überhaupt noch tragen kann.

In Liepāja treffen wir uns mit Ainars, der in einem Motorradforum anbot, uns seine Heimatstadt zu zeigen. Unter dem russischen Zaren entwickelte sich Liepāja zu einer der wichtigsten Hafenstädte und wir sehen viel von der militärischen Vergangenheit. Besonders gruslig ist das Militärgefängnis. Im Anschluss lassen wir die Motorräder gemütlich durch dichten Wald rollen und stehen schließlich inmitten eines betonierten Scherbenhaufens am Strand der Ostsee. Die Küstenlinie Liepājas wurde im 19. Jahrhundert als Schutz der zaristischen Marinebasis mit wuchtigen Verteidigungsbauten versehen. Kilometerlang säumen schwere, massige Bunker die wilde Ostseeküste. Die Sowjets versuchten sie vergeblich wieder zu sprengen, bevor sie dem Feind in die Hände fallen konnten. Sie gänzlich abzutragen gelang nicht – wie hingewürfelt liegen die schweren Bastionen kreuz und quer in der Brandung. Ainars führt uns zu einem einstigen U-Boot-Hafen und einem lang gestreckten Backsteingebäude, bei dem nur noch die Außenmauern stehen. Manege nennt es Ainars. Bis zum Ersten Weltkrieg fanden hier jeden Sonntag eine Parade der Artillerie- und Kavalleriepferde sowie offizielle Empfänge statt.

Mittlerweile ist es weit nach 22 Uhr und wir kommen nach einem Stadtrundgang gerade richtig, um den Sonnenuntergang an der Strandbar zu genießen. Selbst eine Stunde später ist es immer noch taghell und am angrenzenden Basketballfeld wird noch bei guter Sicht trainiert. Man sagt den Stadtbewohnern ja generell großen Stolz nach. So ist Ainars auch besonders stolz auf diesen breiten, zwei Kilometer langen Strand mit Sand, weiß und fein wie Puderzucker. In Russland fülle man damit ohne weitere Behandlung Sanduhren, erklärt Ainars.

Wer kennt ihn nicht, den fantasiereichen Lügenbaron? Er verbrachte einige Jahre in Lettland, bevor er mit seiner lettischen Frau nach Deutschland zurückging (links). Die Kathedrale von Karosta, einem Stadtteil Liepājas, erstrahlt wieder in altem Glanz, nachdem die Sowjetära ihr arg zusetzte (rechts).

Kurven in der Lettischen Schweiz

Unser Ziel am nächsten Tag ist die Ecke nordwestlich von Rīga, bis in die Ecke von Cēsis und Sigulda wollen wir kommen. Links und rechts rauschen Wiesen und Felder an uns vorbei. Getreidefelder wechseln sich mit Mischwäldern ab. Auffällig sind sehr hochgewachsene Birken mit viel zu schlanken Stämmchen. Nach 300 Kilometern Fahrt haben wir ganz vergessen, wie sich das anfühlt: Kurven. Aber hier gibt es sie plötzlich wieder. Sanft legen wir uns in die Straßenwindungen. Die Gegend um Sigulda wird Lettische Schweiz genannt und besteht aus einer hügeligen Landschaft, die im Winter sogar zum Skifahren taugt. Für lettische Verhältnisse sind wir also im Bergland. Wir quartieren uns im kleinen Hotel Pils ein, das wie ein winziges Schlösschen mit Turm aussieht. Pils? Nix Bier, es bedeutet übersetzt einfach »Schloss«.

Der Fluss Gauja hat sich ein tiefes Tal gegraben und teilt Sigulda in zwei Hälften. Auf der anderen Seite des Tales, hoch über der Gauja, thront die weithin sichtbare, rot leuchtende Turaida-Burg. Um hinüberzukommen, braucht's eine Brücke, die wir kurz nach Sigulda finden. Die Alternative wäre die Seilbahn. Echt, hier gibt es eine Seilbahn! Aber jetzt geht es erst einmal per Motorrad weiter.

Wir biegen in einen Parkplatz eines öffentlichen RMK-Naturcampingplatzes ein und packen unseren mitgebrachten Proviant aus. 50 Meter entfernt brandet die Ostsee an einen feinsandigen Strand. Würde sich nicht gerade eine vierköpfige Familie in die Fluten stürzen, wäre der Strand leer. Im hochgewachsenen Kiefernwald stehen vereinzelt Zelte. Wo sonst kann man an so unfassbar romantischen Plätzen direkt am Meer zelten?

Besuch beim Lügenbaron

Schließlich erreichen wir Dunte. Hier hat sich Baron von Münchhausen im 18. Jahrhundert verliebt, hier hat er geheiratet und sechs Jahre lang gelebt. Ursprünglich ein Adeliger mit einer großartigen Militärkarriere im russischen Regiment, dann ein Geschichtenerzähler mit überschießender Fantasie, dessen Fabeln andere aufschrieben. Er muss über diesen Umstand nicht sehr begeistert gewesen sein, fand er doch, sie würden ihn lächerlich machen. Das Museum von »Minhauzen«, wie Münchhausen auf Lettisch heißt, befindet sich im wiederher-

gestellten Herrenhaus des Landguts Dunte. Leben eigentlich noch Nachfahren von Münchhausen, die sich um die Texte für das Museum kümmern? Auf der Website ist zu lesen: »Am 32. Mai 2005 fand die feierliche Einweihung des neuen Museumsgebäudes statt. Das Museum feiert jedes Jahr am 32. Mai seinen Geburtstag – mit einer Kerze und mehreren Torten (die Anzahl der Torten entspricht dem Alter des Museums).«

Ein Raum ist mit Szenen aus Münchhausens Erzählungen angefüllt. Ein Münchhausen, der mit aufgefädeltem Speck eine Entengruppe anlockt und sie wie auf einer Perlenschnur auffädelt. Die berühmteste Geschichte ist die mit dem Ritt auf der Kanonenkugel. Ein Präparat stellt eine drohende Ente dar, die auf einem Greifvogel thront und ihn rupft. Unterkunft finden wir in einem reetgedeckten Hotel am Ufer des Lilaste-Sees. Nach einem ganz spontanen Gutankommer-Bad im Lilaste-See gibt es um halb acht auch das gleichnamige Bier.

Es gibt Lettland und es gibt Rīga

Natürlich darf auch Rīga nicht auf dem Tourplan fehlen, vor allem nicht der Zentralmarkt in den ehemaligen Zeppelinhallen. Die Letten nennen ihn ganz poetisch Bauch von Rīga. »Es gibt Lettland und es gibt Rīga« – dieser populäre Spruch gilt besonders für das Thema Einkaufen. Die Luft ist geschwängert von Düften der saisonalen Gerichte und in jeder Halle riecht es anders: Sauerkraut, frisch eingelegte Gurken, eingelegte Knoblauchknollen, Gewürze, Samen, Cerealien in großen Säcken, Öle, Buchweizenhonig, Hanfbutter, getrocknete Früchte, Wurst, Fleisch und vieles mehr. Auch das Nationalgetränk ist hier im Angebot: Melnais balzams, der Rīgaer »Schwarze Balsam«. Er enthält 45 Prozent Alkohol, viele Letten halten ihn jedoch pur für schlichtweg nicht genießbar. Deswegen verdünnen sie den Schnaps gern mit anderen Schnapssorten (populär ist Wodka) oder mit Cola.

Genial, wir haben gerade das richtige Wochenende für einen weiteren Markt erwischt! Im Gelände des ethnografischen Museums, am Jugla-See etwas außerhalb Rīgas, findet jedes Jahr am ersten Juniwochenende der Kunsthandwerkermarkt – Gadatirgus – statt. Dann kommen Letten aus allen Regionen des Landes zusammen, um ihre Waren feilzubieten. Doch auch für Unterhaltung ist gesorgt. Die Letten sind Sänger, das waren sie schon immer und seit der »singenden Revolution« sind sie

Am Kap Kolka ist Baden streng untersagt, die Strömungen sind gefährlich (links). Ein Muss für jeden, der Rīga besucht: der Zentralmarkt in den Zeppelinhallen (rechts). Im Juni findet im weitläufigen Gelände des ethnografischen Freilichtmuseums der Kunsthandwerkermarkt – Gadatirgus – statt. Ein Highlight lettischer Traditionen! (unten).

dafür bekannter denn je. Das Singen gehört zu den Letten wie das Bier zu den Bayern. Was der deutschen Jugend kaum schmackhaft zu machen ist – in Lettland singen bereits Kinder und Jugendliche mit großer Begeisterung Volkslieder.

Wir nähern uns dem Badeort Jūrmala. Ursprünglich hieß es »Rīgas Jūrmala« – Rīgas Strand. Viele kleine Orte gehen auf rund 30 Kilometern ineinander über. Jūrmala war einst berühmte Sommerfrische russischer Fabrikanten, deutscher Bankiers und lettischer Künstler. Wer etwas auf sich hielt, hatte eine Villa in Jūrmala. Der Glanz ist verblasst, erstrahlt jedoch nach und nach wieder. Die Straße aus Jūrmala heraus zieht sich dann. Altertümliche Holzstrommasten begleiten den Straßenverlauf. Die Region Kurland (Kurzeme) ist nur dünn besiedelt. Die Straße von Rīga zum Kap Kolka ist erst seit wenigen Jahren geteert und wir sind meistens ganz alleine darauf unterwegs.

Kap Kolka – stürmisches Kap von Kurland

Immer wieder führen geschotterte, fest gewalzte Stichstraßen zu kleinen Weilern, dahinter kabbelt die Ostsee. Die Einheimischen nennen das Meer an der windigen Landspitze

Kap Kolka – »Strand der zwei Meere«. Hier treffen die Wellen der Ostsee machtvoll mit denen der Rīgaer Bucht zusammen. Manchmal ist das Wasser auf der einen Seite spiegelglatt, während auf der Seite der offenen Ostsee kräftige Winde die Wellen peitschen. Baden ist am Kap strengstens untersagt, denn die Strömungen sind unberechenbar und lebensgefährlich. Hunderte Kiefern, deren Wurzeln von der Ostsee unterspült wurden, kippten am Küstensaum ins Meer und sind kennzeichnend für Kap Kolka.

Etwa 50 Kilometer nach Kap Kolka verspüren wir Lust auf einen »lost place«: das Geisterdorf Irbene mit den geheimnisvollen Radioteleskopen. Hier bestand ein strikt von der Außenwelt abgeschottetes Militärzentrum, das bis 1993 in keinen Karten verzeichnet war. Es hatte höchste Geheimhaltungsstufe. In dem Spionagezentrum mit drei Radioteleskopen wurden vom russischen Militär Telefon und Rundfunk der NATO-Länder abgehört. Mit der restaurierten Anlage wird nun das ferne Weltall erforscht. Während des Betriebs gab es in der angrenzenden Siedlung eine Poststelle, einen Kindergarten und eine Schule. Und heute: dunkle, leere Fensterhöhlen in ruinenhaften Wohnblöcken.

Kühe? Kühe! Kühe, wohin man sieht

Weiter geht's nach Ventspils, um der riesigen »Reisekuh« einen Besuch abzustatten. Die ganze Stadt ist voller Kühe, weil sie im Jahr 2002 am Kunstprojekt »CowParade« teilnahm. Bei diesem weltweiten Event gestalteten Künstler Kühe und stellten sie in der ganzen Stadt auf. Bei einer Rundfahrt entdecken wir eine ganze Reihe fantasievoller Kühe aus den unterschiedlichsten Materialien. Zuerst eine weiße Kuh mit Lippenstift und Spiegel, dann eine riesige mit Blumen bepflanzte Kuh. Als Nächstes sehen wir eine Kuh mit Lämpchen um sie herum, etwas später eine schwarze Metallkuh mit Absperrventil in der Mitte. Auf einer der Kühe ist ein Aufkleber zu sehen: »Wir haben alle Kühe fotografiert. Andi und Ju.«

Nach einem kleinen Abstecher nach Kuldiga, einer schnuckligen Kleinstadt mit einem riesigen Wasserfall (jedoch in der Breite), werden wir morgen wieder hinüber nach Litauen fahren, um in Klaipėda die Fähre nach Kiel zu nehmen. Ein letztes Dinner in der Abendsonne. Bis zu zwei Stunden länger als in Deutschland kann man die Sonne genießen. Ach, die langen Abende werden wir sehr vermissen!

Die Wege durch die Wälder sind oft ungeteert, aber gut in Schuss und deshalb leicht zu fahren (links). Die auffällige Turaidaburg bei Sigulda. Die Region wird Lettische Schweiz genannt, deren Hänge taugen sogar zum Skifahren (oben).

REISEINFOS

ALLGEMEINES

Lettland ist der mittlere der drei baltischen Staaten und etwas kleiner als Bayern. In ländlichen Gebieten kann man sich sicher sein, dass kein Gedrängel auf den Straßen herrscht, denn ein Drittel der Letten wohnt in der Hauptstadt Rīga und Umgebung. Das Land besitzt fast 500 Kilometer Ostseeküste, die Badevergnügen an einsamen Stränden verspricht. Mehr Infos unter www.bikerdream.de

ANREISE

Vom Süden Deutschlands aus beträgt die Anreisedistanz bis Rīga 1500 Kilometer. Am bequemsten hat es der Norddeutsche, bei dem die Fähren zum Beispiel nach Liepāja (Lettland) oder Klaipėda (Litauen) quasi vor der Haustür ablegen.

REISEZEIT

Mai bis September. Die Durchschnittstemperatur pendelt von Mai bis September bei 15 bis 20 Grad, also perfektes Motorradwetter. Die europäische Großwetterlage beschert einem jedoch durchaus auch mal Temperaturen bis 30 Grad.

TOUR-CHECK

Länge: 900 km
Schwierigkeit: Leicht
Streckenbeschaffenheit: Überwiegend asphaltiert, aber auch längere Abstecher auf Naturpisten sind möglich.
Besonderheiten: Wer auf eigener Achse anreist, muss bedenken, dass er für die Exklave Kaliningrad entweder ein Visum benötigt oder einen großen Bogen schlagen muss.

ÜBERNACHTUNGEN

Hotel Pils in Sigulda (www.hotelpils.lv), Kuldiga: Hotel Jekaba seta in Kuldiga (www.jekabaseta.lv) und Hotel Rija in Rīga (www.rijahotels.com)

KARTE

Autokartenset »Lettland«, Maßstab 1:150 000, Freytag & Berndt, ISBN 978-3-7079-1773-4

LITAUEN

Neue Horizonte

Berge, Pässe und Spektakel sind dem Baltikum fremd. Die ruhige Landschaft und die lebendigen alten Hauptstädte sind die größten Trümpfe der drei Länder. Diesmal heißt es für mich Motorradwandern in Litauen.

Die Holz- und Ziegelarchitektur ist typisch für baltische Orte.

Vor vier Wochen kannte ich noch nicht mal die geografisch korrekte Reihenfolge der drei baltischen Staaten Litauen, Lettland und Estland. Terra incognita. Aber während die blitzsaubere DFDS-Fähre in nur 20 Stunden von Kiel nach Klaipėda durch die ruhige Ostsee pflügt, habe ich genug Zeit, mich auf die unbekannten Länder einzustimmen. Der Reiseführer weckt die Neugier, macht Lust aufs Entdecken, das schon im Zielhafen Klaipėda beginnt. Die Stadt war bis 1920 die nördlichste Deutschlands und hieß bis 1945 Memel. Spuren der Geschichte, mal melancholisch, dann wieder entsetzlich, die mir in den nächsten zwei Wochen immer wieder begegnen werden.

Gleich zu Beginn ein UNESCO-Welterbe

Eine kleine Fähre schippert mich und die Ténéré hinüber zur Kurischen Nehrung, UNESCO-Welterbe, eine fast 100 Kilometer lange und ganz schmale Landzunge, die das Kurische Haff von der Ostsee trennt. Eigentlich ist die Nehrung eine einzige lange Düne, heute größtenteils mit Kiefernwäldern aufgeforstet, womit den Dünen das Wandern abgewöhnt wurde. Nicht dass diese Dünen von Natur aus gerne wandern gingen, aber die Bewohner holzten im 16. bis 18. Jahrhundert den kompletten Wald ab. Die neue Freiheit nutzten die Dünen und begruben auf ihrem Weg die Dörfer. Die Rache der Dünen. Erst buddelten die Menschen ihre Dörfer wieder aus, dann endlich kapierten sie, was sie angerichtet hatten, und forsteten sodann zügig wieder auf. Schluss mit Wandern. Bis Nida, dem bildhübschen Hauptort, kann ich fahren, dann verhindert die schwer bewachte Grenze das Weiterkommen. Es bleibt nur der Blick von der 52 Meter hohen Parnidis-Düne über die »Litauische Sahara« und den endlosen, menschenleeren Sandstrand hinüber nach Russland.

»Vilnius hat Weltstadtniveau: breite, lebendige Boulevards, monumentale Gebäude in der Altstadt, gemütliche Cafés und noble Plätze.«

Entspannung pur versprechen die ruhigen Landstraßen Litauens (links). Quirlig und weltoffen präsentiert sich dagegen die Hauptstadt Vilnius (rechts).

Über Nacht hat ein ungewöhnlich starker Sommersturm dem Strand alle Spuren genommen, hat diverse Bäume gefällt und aus der sonst so müden Ostsee ein richtig wildes Meer gemacht. Breit und weiß dröhnt die Brandung an den Strand, schwere Regenschauer wandern am Horizont entlang. Schönes Wetter, Fotografen lieben das. Das Sommeridyll hat Pause. Zeit, sich die alten und urgemütlichen Fischerhäuser von Nida anzusehen. Gebaut aus Holz und in bunten Farben gestrichen, erinnern sie doch stark an skandinavische Häuser. Im kleinen Bernsteinmuseum staune ich über Spinnen, Fliegen und Mücken, die vor 20 Millionen Jahren in den gelben Klumpen des fossilen Harzes für immer gefangen wurden. Ob wohl eins der Moskitos noch abgezapftes Dinosaurierblut im Bauch hat?

Weiter zur Hauptstadt

Genug der Nehrung, ich möchte der Memel, die heute Nemunas heißt, bis zur Hauptstadt Vilnius folgen. Eine ruhige Reise durch ein ereignisarmes Land. Wald und Wiesen, sehr viele Störche, hier und da ein Dorf, an dem sich die Zeit fast spurlos vorbeigemogelt hat. Der große Fluss schweigt, keine Welle kräuselt das dunkle Wasser, zäh und langsam schiebt er sich zur Ostsee. Radfahrer tragen Warnwesten, aber keine Helme. Fußgänger tragen Warnwesten und große bunte Einkaufstaschen. Auf einer Weide melkt eine Frau eine Kuh. Die Frau trägt Warnweste, die Kuh noch nicht. Hektik kommt hier nie auf, die Jahre fließen genauso ruhig vorbei wie der Fluss. Entspanntes Motorradwandern. Ein gelbes Schild weist nach Tilsit, das heute Sowetsk heißt. Es ist nur fünf Kilometer entfernt, aber doch nicht erreichbar, weil die alte ostpreußische Stadt nun in Weißrussland am anderen Memelufer liegt.

Ein paar ruhige Fahrtage später bin ich in der Halbmillionenstadt Vilnius. In einer anderen Welt. Ich zelte am Stadtrand und fahre mit einem rappeligen Uralt-Elektrobus aus sowjetischen Zeiten ins Zentrum. Die Fahrerin möchte nicht angesprochen werden, schon der Fahrkartenverkauf scheint ihr eine seelische Qual zu sein. Vielleicht fährt sie diesen Bus schon seit 40 Jahren, das rustikale Paar hat sich über die Jahrzehnte angeglichen, mürrisch und zwangsweise funktionierend. Die Mitfahrer sind handydaddelnde Jugendliche und Muttis, die das russische Klischee von etwas zu drall, etwas zu blond und etwas zu überschminkt bestens erfüllen. Es geht durch hässliche

Die Seeseite der Kurischen Nehrung ist garniert mit traumhaften Stränden, hier bei Nida.

Plattenbausiedlungen bis ins Zentrum zum Geležinkelio Stotis. Ein schweres Wort für Bahnhof.

Aber dann: Vilnius hat nichts mehr von der bisherigen Überland-Melancholie, die breiten und lebendigen Boulevards, die tolle Altstadt mit monumentalen Gebäuden, Cafés wie in Italien, ein kunterbuntes Publikum, großzügige Plätze, das hat Weltstadtniveau. Fast alles bestens restauriert, die alte Uni ein architektonischer Traum, von ihrem 68 Meter hohen und über 400 Jahre alten Turm blicke ich über die alte Stadt mit ihren 50 Kirchen. Drei Tage bleibe ich in Vilnius, viel länger als geplant, bin fasziniert von der Aura, bin schockiert beim Besuch des KGB-Museums mit seinen Folterkellern, wo Tausende von Regimekritikern ermordet wurden. Zwei Straßen weiter erinnert das Holocaust-Museum eindringlich an die 200 000 Juden, die von den Nazis in Litauen umgebracht wurden.

Raus aufs Land

Schnitt. Tief durchatmen und zurück in den Landmodus schalten. Das ist nicht leicht nach den starken Eindrücken der Hauptstadt. Ich peile Kurs Nordost an, geradewegs in die »Litauische Schweiz«. Tatsächlich bekommt die Ebene Beulen und Senken, dann sogar sanfte Hügel und angedeutete Täler, zahlreiche Seen und kleine gemütliche Dörfer garnieren den Nationalpark Aukštaitija, die Straße gewinnt in sanften Windungen ein wenig Höhe, schrammt knapp am vierthöchsten »Berg« des Landes vorbei, dem präzise 289 Meter hohen Nevaišiu. Immerhin. Staubige Pisten winden sich durch die Hügel, wohin auch immer, aber die Verbindungsstraßen sind ausnahmslos asphaltiert. Es lohnt sich diesen Wegen zu folgen, das persönliche Navigationsmenü auf »Entdeckermodus« umzustellen. Gut möglich, dass die eine oder andere Piste schon am nächsten Hof endet. Dann kehrt man halt wieder um. Manchmal kreuze ich für Stunden über diese kleinen Wege, biege Dutzende Male ab, immer neugierig, was ich diesmal entdecke.

Und weiter, hinunter in die Ebene nach Zarazai, und kurz darauf liegt Litauen hinter mir. Nur ein Schild verrät mir, dass dies nun Lettland ist. So sollten Grenzen überall aussehen. Kurz darauf erreiche ich die Daugava, einen mächtigen Fluss, mit 1020 Kilometern fast so lang wie die Elbe, und doch habe ich noch nie von ihm gehört. Terra incognita eben, auch deshalb bin ich hier, um Neues zu entdecken.

Fährmann, hol über – beschauliches Leben an der Memel-Fähre (links). Monumentale Architektur am Kathedralenplatz: Die Hauptstadt Vilnius hat viel zu bieten (oben).

REISEINFOS

ALLGEMEINES

Litauen ist das südlichste der drei baltischen Länder. Grün, flach und dünn besiedelt, zugleich spannend und entspannend mit den Spuren deutscher und russischer Geschichte.

ANREISE

Jeden Abend legt eine moderne Schnellfähre von DFDS in Kiel ab und erreicht 20 Stunden später Klaipėda in Litauen (www.dfdsseways.de). Der Landweg führt durch Polen. Von Köln bis Klaipėda legt man dabei etwa 1700 Kilometer zurück.

REISEZEIT

Ab Mitte Mai sind die Nächte kurz, die Niederschläge flüssig, aber nicht häufiger als in Norddeutschland, und die Temperaturen etwa wie in Dänemark oder Südschweden. Mitte September kommt der Herbst.

TOUR-CHECK

Länge: 930 km
Schwierigkeit: Einfach
Streckenbeschaffenheit: Zumeist gut asphaltiert, vor allem die Fernstraßen. Wer sucht, findet aber auch ein dichtes Netz zumeist legal befahrbarer Pisten. Die dünne Verkehrsdichte auf dem Land macht das Fahren einfach. Schwierige Berg- und Kurvenstrecken gibt es mangels Bergen nicht.
Besonderheiten: Die russische Unsitte, trotz Gegenverkehrs zu überholen, gibt es gelegentlich auch in Litauen.

ÜBERNACHTUNGEN

Campingplätze sind preiswert und oft schön gelegen. Pensionen und Hotels sind auf dem Land dünn gesät, in den großen Städten aber reichlich zu finden. Vorbuchen am einfachsten über www.booking.com. Die spontane Suche kann bisweilen nervig werden, da die Hotels oder B&B oftmals schlecht ausgeschildert sind. Weitere Infos unter www.litauen-info.de und www.visitneringa.com

KARTE

Karte »Litauen und Kaliningrad« im Maßstab 1:325 000, Reise Know-How Verlag, ISBN 978-3-8317-7286-5

KASCHUBISCHE SCHWEIZ

Durch das Tausend-Hügel-Land

Ein urwüchsiges Hinterland im Norden von Polen. Bei Touren in der Kaschubischen Schweiz erleben wir gemütliche Ausflugsfahrten und Einwohner, die uns mit Hausgemachtem und Herzlichkeit empfangen.

Gelegentlich hat man die Qual der Wahl: buckliges Kopfsteinpflaster oder ein klein wenig Offroad-Feeling?

Verflixt, ständig grübele ich, woher mir der Begriff Kaschubei geläufig ist. Ich könnte meinen Hut verwetten, dass er in einem Kinderbuch vorkam. Oder gab es vielleicht »Kaschubische Sagen«? Klingt geheimnisvoll, wie im Fernen Osten. Dass diese Kaschubei dann doch so nah liegt, also eher im »Nahen Osten« – wer hätte das gedacht? Ich hoffe, das Rätsel im Laufe der Tour zu lösen.

40 Kilometer südwestlich von Danzig liegt eine dünn besiedelte Grundmoränenlandschaft, durchzogen mit Seen, die von Gletschern erschaffen wurden. Eiszeit, wir knien nieder vor dir. Du erschufst eine geniale Kulisse für Motorradtouren: die Kaschubische Schweiz.

Mit zwei Gutankommerbieren am See

Kurz vor dem Dorf Goręczyno stehen wir vor einem Sperrschild und blicken ratlos auf die zerfurchte Sandpiste dahinter. Wir sandeln einige Hundert Meter den Weg entlang und schwenken in ein rustikales Tor inmitten eines Kiefernwalds ein. Vor uns liegt die urige »Kaszubska Strzecha«. Hoffentlich fragt uns keiner, wie man das ausspricht. Ein Zimmer sei frei, begrüßt

»Kaschubei – das klingt wahrhaftig geheimnisvoll, wie im Fernen Osten, und doch ist sie so nah.«

uns Robert Kolczynski, der Chef. Wir werden mit zwei Gutankommerbieren an den See geschickt, bis unser Zimmer gerichtet ist. Dieses reetgedeckte Landhaus, die hügelige Umgebung, der See hinter dem Haus – wir sind angekommen, im wahrsten Sinne des Wortes!

Das Bier ist noch halb voll, da steht auch schon das Abendessen in der rustikalen Gaststube auf dem Tisch. Die kaschubische Küche bei Robert lieben wir schon jetzt. Traditionell und bodenständig. Alles, was der heimische Boden und der angrenzende See hergeben, wird verwendet. Suppe, Krautsalat, Möhren- und Gurkensalat, dann Kassler mit Pilzen, dazu kleine Kartoffelknödelchen und geschmortes Gemüse. Was sind wir hinterher satt! Gott sei Dank bietet man uns keinen Nachtisch an. Wir hätten glatt ablehnen müssen!

Die Landschaft der Kaschubischen Schweiz wurde von Gletschern geformt. Die vielen Seen ziehen sich schlängelnd zwischen den Hügeln entlang (links). Wer an der Windmühle in Ręboszewo vorbeikommt, sollte hier eine Pause einlegen (rechts). Der polnische Straßenbauer baut gerne »Oben-Unten-Kurven« (unten).

Am nächsten Morgen erkunden wir das Tausend-Hügel-Land. Steile Steigungen werden von tiefen Einschnitten abgelöst, von dessen Hängen man hinunter zu einem der Rinnenseen blickt. Am Ende eines supersteilen Hanges entdecken wir ein interessantes Gebäude. »Oh schau, eine Windmühle!« »Stimmt, und wenn ich das richtig gesehen habe, ging da auch eine Straße rauf. Wollen wir?« Na klar, welche Frage! Flugs gewendet und zurückgefahren. Zwei Spuren aus Rasengittersteinen ziehen sich auf der Wiese nach oben. Uiuiui ... wie viel Prozent Steigung die Piste wohl hat? Der Anstieg ist kurz, aber heftig und geht oben in eine Schotterfläche vor einer hölzernen Windmühle über.

Die Windmühle in Ręboszewo befindet sich auf dem Gipfel des Sobótka-Berges. Im Erdgeschoss der Mühle bedienen uns in einem kleinen Café zwei Jugendliche und freuen sich, ihr Englisch hervorholen zu können. Der doppelte Espresso ist eher ein Quattro-Espresso, in Bayern würde man sagen: ein Haferl Kaffee. Wir schlürfen, gemütlich auf rustikalen Bänken sitzend, unsere zwei Heißgetränke. Weit unten im Tal spiegelt sich der mit Schönwetterwolken getupfte Himmel in der Wasseroberfläche des lang gestreckten Brodno-Sees.

Tor zur Kaschubischen Schweiz

Weiter geht's. Auf einer Wiese ist ein Heuwender unterwegs, er wird von einem Dutzend Störche belagert, die darauf warten, das Grünland nach Fressbarem zu untersuchen. Wir widmen uns am Nachmittag noch ein wenig den Sehenswürdigkeiten der Kaschubischen Schweiz, klettern auf rostende, alte Loks, die in einem Freilichtmuseum ausgestellt sind, und besuchen das Städtchen Karthaus, das durch das Prädikat »Tor zur Kaschubischen Schweiz« ausgezeichnet ist.

Ein letztes Mal genießen wir in der »Kaszubska Strzecha« das in seiner Vielfalt unübertroffene Frühstück und machen uns gesättigt von dannen. Nur 100 Kilometer weiter östlich liegt die Stadt Elblag. Das ist ein absolut lockerer Ritt auf Neben- und Hauptstraßen. Unterwegs begrüßen wir noch die Marienburg am Fluss Nogat. Im 13. Jahrhundert erbaut, gilt sie als die größte Burganlage, die in Europa aus Backstein geschaffen wurde. Am Rande von Elblag klopfen wir danach wie immer unangemeldet, jedoch erfolgreich beim alten Rittergut »Pałac w Janowie« mit seiner beeindruckenden Parkanlage an, das Zimmer vermietet.

Mit dem Schiff über den Berg fahren? Klar, das geht!

Der nächste Tag beginnt sehr zeitig. Im Norden Polens kann zwar noch keine Rede von weißen Nächten sein, wie man sie um diese Zeit weiter im Norden genießt, aber so richtig stockdunkel wird es in der Nacht auch nicht. Die Sonne kitzelt uns also ab vier Uhr munter.

Am Vormittag geht's dann aufs Wasser. Richtig gelesen. Auf dem Oberlandkanal wartet ein Technisches Denkmal auf uns, das so einzigartig in seiner Konstruktion ist, dass wir dafür das Motorrad stehen lassen. Berge sind bei unserer Fortbewegung auch beteiligt, jedoch anders als erwartet. 100 Meter Höhenunterschied im Verlauf des Kanals werden durch ein System von fünf geneigten Ebenen, den sogenannten Rollbergen, ausgeglichen. Die Schiffe werden dann jeweils in einen Metalltrailer bugsiert und eine wasserkraftbetriebene Winde zieht den Karren den Berg hinauf. Oben verlassen die Schiffe den Trailer und schwimmen auf dem Kanal weiter. Bis der nächste Berg erreicht ist. Echt verrückt. Schiffe, die den Berg hinauffahren! Die Polen sind schon pfiffige Kerlchen!

Ein imposanter Gebäudekomplex ist die Marienburg, die größte europäische Burganlage aus Backstein (links). Angeln ist ein beliebtes Hobby in der Kaschubischen Schweiz mit ihren 250 Gletscherseen (oben).

REISEINFOS

ALLGEMEINES

Die Kaschubei ist ein lang gezogener Landstrich südwestlich von Danzig. Die Landschaft wurde von eiszeitlichen Grund- und Endmoränen gebildet und ist von Hunderten, lang gestreckten Gletscherseen durchzogen. Vor allem das Hügelland der Kaschubischen Schweiz eignet sich hervorragend für entspannte Motorradtouren inmitten traumhafter Natur. Mehr Infos unter www.biker dream.de

ANREISE

Wer aus dem Süden Deutschlands nach Nordpolen fährt, der hat etwa 1100 Kilometer Anreise. Ob auf der Autobahn oder auf Landstraßen – es gibt viele Möglichkeiten, in die Kaschubei zu gelangen. Wir haben vorher auch noch die Küste besucht; leider hat man von der Ostsee beim Durchfahren kaum etwas gesehen.

REISEZEIT

Mai bis Oktober. Wir waren Anfang Juni unterwegs. In der Kaschubei ist das Wetter im Sommer mild und es herrschen ausgeglichene Temperaturen. Man sollte bei seinen Reiseplanungen auch den Ferienbeginn berücksichtigen: vom letzten Freitag im Juni bis zum letzten Freitag im August sind Sommerferien.

TOUR-CHECK

Länge: 230 km
Schwierigkeit: Leicht
Streckenbeschaffenheit: Asphaltiert
Besonderheiten: Die Firma Cyranka befährt den Oberlandkanal mit zwei Schiffen. Inklusive Transfer vom Parkplatz zum Schiffsanleger. Telefonischer Kontakt auf Deutsch möglich: www.statki.ostroda.pl

ÜBERNACHTUNGEN

Kaszubska Strzecha in Goręczyno (http://szwajcariakaszubska.com/de/116-szwajcaria-kasubska-kaszubska-strzecha), Pałac w Janowie in Elblag (pl-pl.facebook.com/palacjanow)

KARTE

Michelin Regionalkarte 556 »Polen Nordwest«, Maßstab 1:300000, ISBN 978-2-0671-8383-4

Dahingleiten unter dem Blätterdach alter Alleenstraßen. Napoleon erkannte, dass die Bäume vor Wind und Wetter schützen und den Truppen während ihrer Märsche Schatten spenden.

BESKIDEN

Gebirge im polnischen Süden

Die Beskiden ziehen sich auf 600 Kilometern Länge von der Ukraine bis nach Schlesien. Die Waldkarpaten sind ein kleiner Teil davon. Wer Ruhe und unberührte Natur sucht, ist hier goldrichtig.

Mit der Bezeichnung Waldkarpaten assoziieren wir »ruhig«, »abgelegen« und »mitten in der Natur«. Abends nach unserer Ankunft sitzen wir dann auch ganz allein in der untergehenden Sonne weit oben am Berg. Bis zur ukrainischen Grenze sind es nur fünf Kilometer. Fast könnten wir rüber spucken.

Geplant ist, uns in den nächsten Tagen gemächlich von Ost nach West durch die Mittelgebirge zu hangeln, die wie an einer Perlenkette aufgereiht sind. In Czarna Górna finden wir am nächsten Morgen alle Einrichtungen, die wir benötigen: Tankstelle, Geldautomat und einen Lebensmittelladen. Anschließend schlenkern wir über eine kurvige Straße, bis uns Steffi – unser Navi – bergan führt. Mächtig bergan. 22 Prozent Steigung, auf einer Straße, die aus zwei Spuren Rasengittersteinen besteht. So geht es eine ganze Weile kerzengerade durch eine Schneise den Berg hinauf. Wow, Steffi, was du für Straßen kennst! Aber jedes Abenteuer beginnt schließlich mit »Ich kenne da eine Abkürzung ...«

Später wälzt sich träge ein breiter Fluss neben der Straße dahin: der San. Der Telefonprovider schickt die ersten Nachrichten mit Informationen über die Kosten für Telefongespräche in der Ukraine, denn der San ist der Grenzfluss zwischen Polen und der Ukraine. Seine Quelle ist nur noch wenige Kilometer entfernt. Einen Großteil der Strecke kann man fahren, direkt zur Quelle geht es jedoch nur über die grüne Grenze in die Ukraine, zu Fuß durch den Wald. Ein älterer Herr spricht uns während einer Pause an, weil er unser bewunderndes Gespräch über die Region belauscht hat. Schon seit zehn Jahren fährt er jedes Jahr allein für vier Wochen in die Waldkarpaten. Er schwärmt von der einheimischen Küche, dem Honig aus Wetlina und der Ruhe hier. Auch so eine Natur sei in keiner anderen Gegend zu finden. Nun haben wir uns doch ganz schön verquatscht und brummeln, sanft am Gashahn ziehend, davon. Auch die Grenzpolizei ist mit einem leichten Jeep auf den Straßen unterwegs.

»So eine Natur wie in den Waldkarpaten ist in keiner anderen Gegend mehr zu finden.«

Die mächtigen, holzgedeckten Tore sind typisch für die Architektur der Waldkarpaten. Nicht umsonst trägt dieser Landstrich das Wort »Wald« im Namen (links). Herrlich: Diese alten Alleen und die wogenden Felder mit Phacelia, die von Weitem aussehen wie Meer (rechts)!

Unweit des Ortes Wetlina betreten wir ein einfaches Gasthaus neben einem Fischteich. Ich frage den Wirt, was es zu essen gibt. Da ich das polnische Wort für den Fisch, den er zubereitet, nicht kenne und er nicht das deutsche, zeigt er mir einen Prospekt mit einer Abbildung des Fisches. »Forelle«, sage ich. »Forelle – in Ukraine Forell«, entgegnet er erstaunt. Draußen wird gerade ein neuer Freiluftgrill gemauert. Der Maurer bemerkt unsere bewundernden Blicke für seine Handwerkskunst und fragt: »Gutes Werk?«

Grenzgänger: Immer Richtung Westen

Der Asphalt ist nach wie vor gut und wir cruisen voll entspannt entlang wilder Wiesen, teils schon abgeernteter Felder und rauschender Fichtenwälder dahin. Gelegentlich auch auf leicht zu fahrenden Schotterpisten, die als ganz reguläre Ortsverbindungsstraßen geführt werden. Zwar sind wir obdachlos – die nächste Unterkunft suchen wir uns immer erst abends vor Ort –, doch das bringt uns nicht aus der Ruhe, denn ein Bett findet sich immer. Den Wegesrand säumen in den Dörfern traditionelle Holzhäuser. Ich versuche eines im Bild festzuhalten, bis sich auch die alte Hausbewohnerin zu mir ans Tor gesellt. Wir unterhalten uns ganz prächtig, das heißt, sie redet lachend auf mich ein und ich verstehe nur Bahnhof.

Zehn Pferdekutschen warten im nächsten Dorf auf ihren Einsatz bei einer Hochzeit. Bunte Schals, Koniferenbüschel und goldene Beschläge zieren die Pferdegeschirre. Die weiße Hauptkutsche steht in dem Hof eines Anwesens. Der Kutscher steckt wie alle anderen in einer farbenfrohen Tracht und wird von einem der Anwesenden mit einem Glas Schnaps versorgt. Oder zwei. Weitere Schnapsflaschen verstaut er unter den Sitzen der Kutsche. Die Pferde scharren mit den Hufen, flehmen und trippeln ungeduldig auf der Stelle. Einige Kutscher im traditionellen Gewand können ihre agilen Zugtiere nur mit guter Zurede zum Warten überreden.

Am nächsten Morgen kämpft die Landschaft mit der Restfeuchte der Nacht und ist in eine diesige Watte gepackt. Szczyrk mit dem 934 Meter hohen Salmopolski-Pass dient uns als klassisches Zwischenziel. Einige Serpentinen bringen uns hinauf und schließlich wieder hinunter in die Niederungen der Weichsel. Häufig stehen Hütten am Straßenrand, mit einer Feuerstelle in der Raummitte. Hier werden Honig, Marmelade und ge-

räuchterte Käselaibe aus Schafsmilch verkauft – »oscypek« nennt man sie. Die kleinsten der platt gedrückten Käselaibchen sind nur wenig größer als die Fläche eines Suppenlöffels und taugen so perfekt als Proviant für unterwegs. Mit einem Happs sind sie weg.

Die Region, die aussieht wie ein Gulaschkessel

Sucht man das Glatzer Bergland auf der Karte, muss man im Süden nach einer großen Ausbuchtung ins tschechische Gebiet suchen. Das Glatzer Bergland ist ein Kessel mit der Stadt Glatz nahe des Zentrums, der von zahlreichen kleinen Gebirgen umgeben ist. Im Uhrzeigersinn genannt, sind dies das Eulengebirge, dann das Reichensteiner Gebirge, das Glatzer Schneegebirge, das Bielen-, das Adler- sowie das markante Heuscheuergebirge, womit wir im Nordwesten angekommen wären. In Stronie Śląskie (Seitenberg) finden wir am Stadtrand ein Zimmer in einer restaurierten Jugendstilvilla. Die Hotelbesitzerin spricht Deutsch und Englisch, und das wundervolle Restaurant serviert alles, was die Kulinarik hergibt. Allein die Künste dieses Koches sind die Reise wert!

Irrende Felsen? Wilde Löcher? Fehlerhafte Felsen?

Unsere Tagestour am nächsten Morgen beginnt ein bisschen chaotisch, weil wir uns immer wieder in den niegelnagelneuen Straßen um die Stadt Kłodzko (Glatz) verfranzen. Hier gibt's eigenartige Kreisverkehre, bei denen man sich in zwei Spuren einordnen muss: rechte Spur heißt erste Ausfahrt raus, linke Spur erst die zweite. Fährt man versehentlich auf die innere Spur, so ist eine Ehrenrunde angesagt, denn ein dicker Fahrspurbegrenzer klebt auf dem Asphalt.

Die Erosion hat im Heuscheuergebirge ein Felslabyrinth mit schmalen Felsenspalten geschaffen – die »Błędne Skały«. Das Internet bietet die tollsten Übersetzungen für diese Gebilde. Falsche Felsen, fehlerhafte Felsen, Irr-Felsen oder auch wilde Löcher. Für eine kurze Wanderung geht es nun per pedes weiter. Es ist angenehm temperiert hier. Ganz wenig Sonnenlicht trifft den Grund des Felsgebietes. Nur wo sich zwischen den Felsen etwas großzügigere Freiräume bildeten, kann die Sonne die Nässe aus dem Boden ziehen. Doch wo es zu feucht wird, hat man mit Holzbohlen dafür gesorgt, dass wir nicht im

In kleinen Straßendörfern gibt es kaum Infrastruktur, aber der winzige Tante-Emma-Laden fehlt natürlich nirgends (links). Das »Hühnerbein« im Felsgebiet »Błędne Skały« (rechts). Geniale Farbstimmung. Erwischt uns der nächste Regenguss oder fahren wir ihm davon (unten)?

Matsch ausrutschen. Viele der Felsgebilde haben ihre eigenen Namen. »Kurza Stopka« ist einer davon. Übersetzt heißt das Hühnerbein. Endlich mal ein polnischer Name, den wir (vielleicht) korrekt aussprechen können, zumindest wenn man weiß, dass »rz« wie das g in Manege ausgesprochen wird.

Weiter geht unsere Fahrt über nette, kleine Straßen, die jedoch leider nicht immer glatt wie ein Babypopo sind. Für besseren Belag müssten wir auf größere Straßen ausweichen, doch das wollen wir nicht. Wir tuckern lieber durch ansehnliche, sympathische Dörfchen.

Am nächsten Morgen werfen wir einen Blick auf das Regenradar. Mit geschickter Tourplanung könnten wir vielleicht um den Regenguss herumfahren. Gesagt, getan! Unser Ziel ist Breslau. Es herrscht wenig Verkehr und wir tanzen einen beschwingten Kurvenwalzer durch lauschige Alleen. Den Mammutanteil des Straßenverkehrs stellen vermutlich Besucher, die an unterirdischen Bauten aus dem Zweiten Weltkrieg interessiert sind, den Bunkern in Osówka. Dort befindet sich das ehemals streng geheime »Projekt Riese«, dessen Besuch sich unbedingt lohnt, der Besuchsbericht würde an dieser Stelle jedoch den Rahmen sprengen.

Breslau – die Stadt der Zwerge

Unser letztes Ziel, die Stadt Breslau, ist erreicht. Rund um das Rathaus laden prachtvolle Stadthäuser mit unzähligen Gaststätten, Cafés und Geschäften zum Bummeln ein. Auf der Suche nach unserer Unterkunft in der Altstadt finden wir einen Bronzezwerg, der ganz frech auf einem Fenstersims fläzt. Ganz Breslau steht im Zeichen von kleinen bronzenen Kobolden in witzigen Alltagssituationen, mehr als 300 Stück an der Zahl, die die Gassen und Plätze bevölkern. Einer Sage nach halfen die Zwerge einst den ersten Siedlern bei der Stadtgründung, indem sie einen bösartigen Oberkobold in einen Kerker im Eulengebirge warfen. Aus Dankbarkeit für die Hilfe boten die Menschen den Zwergen an, in Zukunft mit ihnen zusammen in Breslau zu leben.

Wie die Zwerge zu den heutigen Ehren kamen, dafür müssen wir in die 1980er-Jahren zurückgehen. In die Zeiten, als der Kommunismus zu bröckeln begann. Der Künstler und Schriftsteller Waldemar Fydrych Major wollte mit gewaltfreien Happenings auf die großen Missstände im System aufmerksam machen. Und was ist die beste Waffe, deren Munition sich noch dazu in Windeseile verbreitet? Ja, genau, Humor! An Hauswände malten bzw. sprühten er und Gleichgesinnte witzige orangene Zwerge.

Ein Autolackierer »organisierte« die Spraydosen. Sie mussten ja auch ständig auf der Hut sein, nicht erwischt und verhaftet zu werden. Irgendwann begann man damit, Protestkundgebungen zu organisieren, bei denen alle Teilnehmer orangefarbene Umhänge und Mützen trugen. Als die Polizei die Teilnehmer festnehmen wollte, erklärten diese spitzbübisch, sie seien keine Menschen, sondern Zwerge und für diese gelte das Versammlungsverbot schließlich nicht! So wurden die Zwerge zu einem augenzwinkernden Symbol für den polnischen Widerstand.

Die Suche nach den Wichteln ist einfach toll! Man lernt die Stadt kennen und bekommt das Schmunzeln überhaupt nicht mehr aus dem Gesicht. Bei welchen Tätigkeiten man die Zwerge erwischt, ist einfach grandios. Zum Beispiel an einem Geldautomat, der, mit drei Zwergen bestückt, schräg unter einem realen Geldautomaten zu finden ist. Ein kleiner bronzener Motorradfahrer mit zum Peace-Zeichen erhobener Hand ruft leise zur Einladung: Kommt nach Breslau, Zwerge schauen!

Bei den osteuropäischen Zielen wartet man häufig vergeblich auf ein Kurvenfeuerwerk (links). Kleine geräucherte Käselaibe aus Schafsmilch namens »oscypek«. Die kleinsten haben eine perfekte Größe für den Proviant (oben).

REISEINFOS

ALLGEMEINES

Die Beskiden sind ein 600 Kilometer langer Gebirgszug, der sich von der Ukraine bis nach Schlesien erstreckt. Highlight dieser Tour sind die Waldkarpaten, dieser Zipfel im äußersten Südosten ist eine Arche Noah der Natur und ein Garant für überaus ruhige, gemütliche Touren. Mehr Infos unter www.bikerdream.de

ANREISE

Egal, aus welcher Ecke Deutschlands man anreist, bis in die polnischen Waldkarpaten muss man rund 1200 Kilometer überwinden. Bis Breslau und zum Glatzer Bergland sind es rund 500 Kilometer weniger. Auf dem Weg liegt auch noch das Riesengebirge, es würde sich anbieten, diese Gebirge mit in die Tour zu integrieren.

REISEZEIT

Mai bis September. Bei den Reiseplanungen sollte man auch den Ferienbeginn berücksichtigen: Die polnischen Sommerferien dauern vom letzten Freitag im Juni bis zum letzten Freitag im August.

TOUR-CHECK

Länge: 770 km
Schwierigkeit: Mittel
Streckenbeschaffenheit: Die Route von den Waldkarpaten bis nach Breslau führt dabei über kleine bis kleinste Straßen.
Besonderheiten: Wer gerne wandert, sollte sich den Luxus leisten und für die Waldkarpaten die Wanderschuhe einpacken. Eine derart intakte Naturkulisse erlebt man nur noch äußerst selten.

ÜBERNACHTUNGEN

Rezydencja Bukowy Dwór in Rabe in den Waldkarpaten (www.bukowydwor.pl), Etno Chata Topolej bei Szczyrk (www.topolej.pl), Villa Elise in Seitenberg/Stronie Śląskie (www.villaelise.pl), Kamienica pod Aniołami in Breslau (https://kamienicapodaniolami.pl)

KARTE

Marco-Polo-Karte »Polen Süd«, Maßstab 1:300 000, MairDumont Verlag, ISBN 978-3-8297-3796-8

bikerdream

»Ahoi, ahoi!«, rufen die frohgelaunten Wassersportler, die die Moldau mittels Kanu, Schlauchboot und Kajak befahren.

TSCHECHIEN

Alles böhmische Dörfer

Kein Hügel ohne Burg, kaum ein Tal ohne urwüchsige Natur. Überall Schmuckstücke, die zum Weltkulturerbe der Menschheit gehören. Nach einer Erkundung verspricht jeder Besucher, wiederzukommen. Und kommt wieder!

Wir tanzen den Lipno-Loop: links, rechts, links, rechts, welch ein herrlicher Kurvenwalzer! Am Anfang unseres Lipno-Loops, wie wir unseren Tanz um den böhmischen Moldaustausee nennen, liegen rund 25 Straßenkilometer, die sich schwungvoll an die Moldau anlegen. Jedes Mal sind wir wieder begeistert von diesem Kurvenfeuerwerk. Und jedes Mal erinnern wir uns in letzter Sekunde, dass sich eine dieser Kurven im letzten Drittel jäh zuzieht. Schön, dich wiederzusehen, Kurve, wir kennen dich ja schon.

Der Moldaustausee Lipno

Die »Mutter« aller böhmischen Flüsse ist getupft mit farbigen Kanus und Schlauchbooten, die von frohgelaunten Menschen vorwärts gepaddelt werden.

Von der Brücke am Ortseingang von Rožmberk nad Vltavou bietet sich der beste Blick auf die Burg Rosenberg, die auf einem länglichen Felsvorsprung thront. Ihre weiß getünchten, dezent sgraffitoverzierten Wände leuchten hell in der Sonne.

Am Ufer kann man sich im Restaurant eine Stärkung verschaffen oder einfach nur den Bootfahrern zuschauen: Ihre gute Laune ist ansteckend. »Ahoj, Ahoj!«, rufen sie den Zaungästen auf der Brücke zu. Auch am Lipno-Stausee hören wir dieses »Ahoj«, das so viel heißt wie »Hallo« und im ganzen Land zu hören ist. Tatsächlich ist der Gruß ganz passend, denn hier wurde die Moldau auf 45 Kilometern zu einem großen Gewässer angestaut und windet sich am Anfang schlank, später ausladend durch die hügelige und teilweise bewaldete Landschaft des Böhmerwalds.

»Jedes Mal sind wir wieder begeistert vom Kurvenfeuerwerk am Stausee Lipno.«

Heute lassen wir das Motorrad auf der Nordostseite des Sees über kleine Straßen brummeln. Die Teerbänder, manchmal auch legal befahrbare Feldwege, ziehen sich schwungvoll über grüne Hügel, zwischen denen die Reflektionen des Sees glitzern. Pensionen, kleine Hotels und Restaurants schossen

Der Lipno-Stausee schlängelt sich über 45 Kilometer durch die hügelige Landschaft des Böhmerwalds. Mit drei kleinen Fähren kann man auf die andere Seite übersetzen (links). Traditionelles Handwerk wird gepflegt und geschätzt (rechts).

hier in den vergangenen Jahren wie Pilze aus dem Boden, manche Orte sind fast nicht mehr wiederzuerkennen.

Es zieht uns bald auf die andere Seite, an das Ufer, das in vergangenen Zeiten kaum oder gar nicht befahrbar war: Wegen der Grenze zu Österreich erklärten die Kommunisten das Gebiet nämlich kurzerhand zum Sperrgebiet.

Schließlich erreichen wir den Fähranleger in Horní Planá. Eine Fahrt mit einer der spartanischen Fähren über den Stausee dauert etwa zehn Minuten. Die Anlegestellen gleichen Straßen, die sich einfach ins Wasser verlieren … Aber vielleicht waren sie das auch, bis einige Ortsteile bei der Flutung des Stausees im Wasser versanken?

Nationalpark Böhmerwald

Im Böhmerwald oder Šumava (von »sumeti« = rauschen), wie die Tschechen sagen, lassen wir uns am nächsten Tag auf winzigen Micky-Maus-Straßen durch den Nationalpark treiben. Seit dem Jahr 1989 ist der Kalte Krieg vorbei und der gesamte Böhmerwald auch für deutsche Touristen als Erholungsgebiet wieder näher gerückt.

Nur in den Köpfen des böhmischen Rotwilds ist die Grenze immer noch Realität. Dort, wo früher die böhmischen Hirsche an den Grenzzäunen kehrtmachen mussten, drehen die Tiere noch heute um und bringen diesen imaginären Grenzverlauf auch ihrem Nachwuchs bei. Selbst ein Vierteljahrhundert nach der Grenzöffnung halten sie unbeirrt daran fest.

An den Straßen wurde in den vergangenen Jahren mächtig was getan. Ende der 1990er-Jahre waren das hier noch rissige, tausendfach geflickte Holperpisten – vor allem die wenig befahrenen Straßen durch den Nationalpark, in den wir jetzt eintauchen. Die einspurigen Teerbänder ohne Mittellinie oder Leitplanke sind gesäumt von knorrigen Laub- und Nadelbäumen. Im sanften Wind wiegen sich Birken auf den moorigen Wiesen, die sich mit dichten Fichtenwäldern auf den abgerundeten Hügeln abwechseln.

Wir passieren Kvilda, ein verschlafenes Nest mit ein paar Dutzend versprengten Holzhäusern und einer holzgetäfelten Kirche, das von Hochmooren umgeben ist. Auf den Wiesen rupfen Kühe gelassen an den saftigen Grasbüscheln, während wir weitertuckern. Kurz vor Rejstein absolvieren wir einen U-Turn und passieren die kleine Gemeinde Srni.

Ein Muss während jeder Böhmerwaldtour ist es, der wildromantischen Vydra »Guten Tag« zu sagen, diesem wilden Gewässer, dessen Flussbett aus tonnenschweren, rund geschliffenen, bemoosten Steinen besteht. Etwas außerhalb der ehemaligen Holzfällergemeinde Modrava finden wir eine im Wald versteckte, neu gebaute Holzbrücke.

Wir stellen das Motorrad ab: Stiefel aus, Hosen hochgekrempelt – soweit das bei einer Motorradhose möglich ist – und hinein ins kühle Nass. Luft anhalten – hui, ganz schön frisch! Nur wenige Kilometer weiter biegen wir in einen Waldweg ein und folgen auf ihm dem Schwarzenberg-Schwemmkanal, in dem bis Anfang des 20. Jahrhunderts Holz aus dem Böhmerwald bis zur Donau transportiert wurde. Nach einer abschüssigen, geschotterten Serpentine landen wir vor der Antyglhütte und lassen uns, sonnenbadend auf der Außenterrasse, leckere böhmische Palatschinken servieren.

Letzter Stopp: Český Krumlov

Český Krumlov liegt in einer dreifachen Moldauschleife, hier haben wir uns in einer Pension häuslich niedergelassen. Nördlich des Zentrums erstreckt sich das lange Schloss wie eine Trutzburg. Die Stadt wurde zu sozialistischen Zeiten quasi vergessen, es ist noch gar nicht so lange her, dass die Stadt von zehn funzeligen Gaslaternen erhellt wurde. Seit dem Jahr 1992 steht das historische Zentrum Český Krumlovs nun unter dem Schutz der UNESCO und die Stadt ist schon längst kein Geheimtipp mehr.

Wer genug Zeit hat, sollte sich im Schloss das Barocktheater im Originalzustand aus dem 17. Jahrhundert anschauen. Die Technik, die Beleuchtung, die Gepflogenheiten – echt verrückt, was vor 250 Jahren schon realisiert wurde. Auch der Schlossturm ist ein Muss: Es geht auf teilweise sehr engen Wendeltreppen hinauf – eine wahrhaft geniale Aussicht auf die Stadt und die Moldauschleife winken als Lohn. Und auch der Schlossgarten mit seinem Lustschloss ist sehenswert.

Das »Na Louzi« (Zur Pfütze) in Český Krumlov ist eine winzig kleine Kneipe mit fast 100-jährigem Inventar. Abends ergattern wir dort einen der drei Tische im Freien und laben uns an einem weiteren Highlight: Wir prosten uns zu – mit süffigem tschechischem Schwarzbier. »Na zdraví!«, Prost! Welch gelungener Abschluss für unsere Tour durch Tschechien!

Einzigartig und unvergleichlich: die Skyline von Český Krumlov (links). Auf der Holzbrücke an der Burg ist fast immer eine Pause angesagt: Musikanten diverser Stilrichtungen geben sich ein Stelldichein (oben).

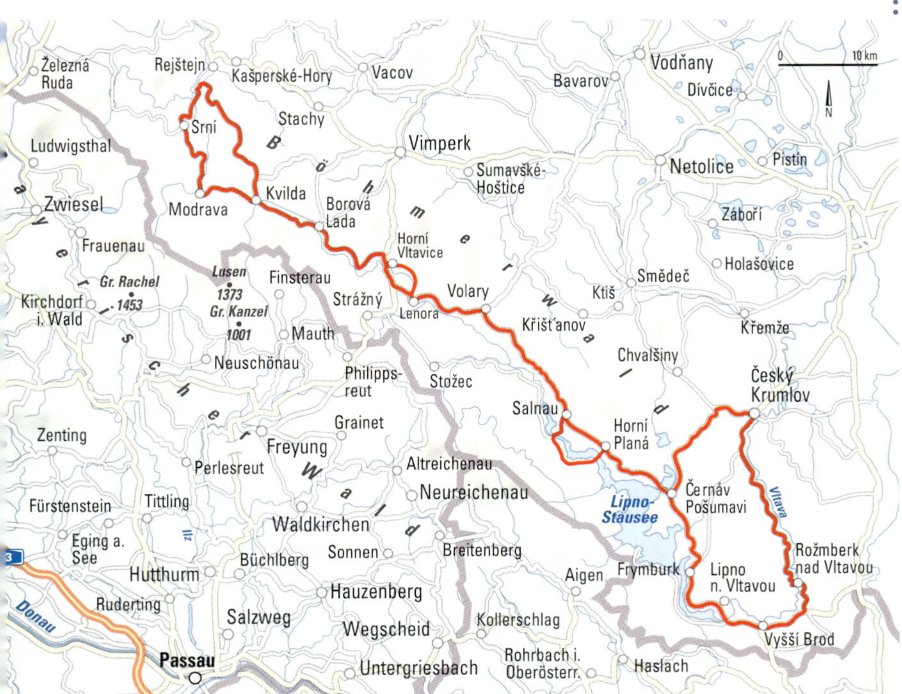

REISEINFOS

ALLGEMEINES

Böhmen ist ein unvergleichlich abwechslungsreiches Tourziel. Hier findet der Motorradfahrer schöne Motorradrunden – die genialste ist dabei der Kurvenwalzer an der mit Kanu- und Schlauchbootfahrern gespickten Moldau. Es locken urige Altstädte für die Kaffeepausen zwischendurch und ganz viel Natur im Nationalpark Böhmerwald.

ANREISE

Die Anreisedistanz nach Südböhmen kann zwischen wenigen Kilometern aus Niederbayern und bis zu 900 Kilometer aus anderen Regionen Deutschlands betragen. Der Flensburger hat mit 900 Kilometern die weiteste Anfahrt und auch aus Freiburg sind es rund 600 Kilometer. Am bequemsten reisen Motorradfahrer aus der Oberpfalz und Niederbayern an. Für sie ist es nur ein Katzensprung bis zur tschechischen Grenze.

REISEZEIT

April bis Oktober. Die Gebirge fungieren oft als Wetterscheide und halten die Schlechtwetterfronten ab, die aus Russland und Polen kommen.

TOUR-CHECK

Länge: 250 km
Schwierigkeit: Leicht
Streckenbeschaffenheit: Asphaltiert
Besonderheiten: Der Lipno-Stausee wird von drei kleinen Fähren überquert, eine von diesen sollte man in die Tour auf jeden Fall einbauen. Es lohnt sich unbedingt, in Český Krumlov zu übernachten: Die Kulisse am Abend ist unvergleichlich!

ÜBERNACHTUNGEN

Hotel Modrava mitten im Böhmerwald (www.hotelmodrava.cz), Pension Amadeus & Apartments in Český Krumlov (www.penzionamadeus.cz), Hotel Maxant in Frymburk am Lipno-Stausee (www.hotelmaxant.cz)

KARTE

Marco-Polo-Karte »Tschechien Blatt 1 Böhmen«, Maßstab 1:200 000, MairDumont Verlag, ISBN 978-3-8297-3997-9

Entspanntes Motorradwandern auf einer polnischen Nebenstraße im Riesengebirge.

RIESENGEBIRGE

Rübezahls Reich

Ein Schutzpatron ist immer gut, man muss nur daran glauben. Im Riesengebirge, beiderseits der tschechisch-polnischen Grenze, hat der sagenhafte Rübezahl seit Generationen diesen Job inne.

Menschen haben ihre Sagen und Mythen. Die Schotten glauben an Nessie, Norweger schieben ihren Trollen alles Mysteriöse in die Schuhe, Matrosen fürchten sich vorm Klabautermann, Mittelerdlinge vor Sauron und Rheinschiffer vor der Loreley. Die Bewohner des Riesengebirges lieben ihren legendären Berggeist Yeti – pardon – Rübezahl, der mal als launischer Waldschrat, randalierender Riese oder als Freund der Armen und Entrechteten, also quasi als »Robin Hood der Berge«, auftaucht. Wie so oft bei Legenden lassen sich auch bei Rübezahl die historischen Spuren schwer verfolgen. Klar ist lediglich, dass er 1553 erstmals schriftlich erwähnt wurde und noch heute in den finsteren Wäldern des Riesengebirges leben soll.

Muss er auch, denn sonst hätten die zahlreichen Andenkenläden in den Touristenorten beiderseits der Grenze keine Existenzgrundlage mehr, sind doch Rübezahlfiguren, -kostüme und sonstige Devotionalien die absoluten Bestseller. Tourismus und Forstwirtschaft sind seit Generationen die wichtigsten Einnahmequellen im Riesengebirge, wobei die meisten Besucher im schneereichen Winter kommen. Anfang Juni ist hier kaum etwas los, auf den riesigen leeren Parkplätzen von Spindlerúv Mlýn, Karpacz oder Pec pod Sniezka könnte man Fahrsicherheitstrainings veranstalten.

»Die Bewohner des Riesengebirges lieben ihren legendären Rübezahl. Noch heute soll er in den finsteren Wäldern des Gebirges leben.«

Hoch hinaus

Von Trutnov kommend, schwinge ich frühmorgens nordwärts in die Berge. Die hohen kahlen Kuppen um die Schneekoppe verstecken sich in dunklen Wolken. Mit 1602 Metern ist sie seit 20 Jahren der höchste Berg Tschechiens. Bis 1991, als sich die Tschechoslowakei in zwei souveräne Staaten aufteilte, fiel diese Ehre der 1000 Meter höheren Gerlachspitze in der Hohen Tatra zu. Die liegt in der heutigen Slowakei.

Alte Alleen sind auf der polnischen Seite des Riesengebirges nichts Besonderes (links). An den hübschen historischen Holzhäusern in Tschechien kann man sich ohnehin kaum sattsehen (rechts).

Die gute Straße legt sich mit den Bergen an, kurvt immer höher durch den finsteren Fichtenwald. Es wird kälter und feuchter, je näher ich der Grenze komme. Einzelne rustikale Holzhäuser, traditionell in Rot oder Schwarz, ducken sich auf den Bergwiesen unter den drohenden Wolken. Jenseits der 1000-Meter-Marke rolle ich durch den alten Wintersportort Mala Upa, wechsle hinüber nach Polen und wedle talwärts nach Karpacz. Die Tankstelle am Ortseingang kommt wie gerufen, nach 630 Kilometern geht dem XT-Tank so langsam der Saft aus.

Vorbei an Karpacz nach Jelenia Góra

Karpacz, auf Deutsch Krummhübel, hat sich voll und ganz dem Tourismus verschrieben. Pensionen, Hotels, Skilifte, Wellness-Badetempel, Wildweststadt und Polens längste Rodelbahn werben um Besucher. Die skurrilste Sehenswürdigkeit ist aber die über 800 Jahre alte norwegische Stabkirche Vang. 1840 wollten die Bewohner von Vang eine größere Kirche bauen, verkauften ihre alte für 427 Mark an den preußischen König, der sie in Einzelteilen zerlegt von Norwegen nach Krummhübel transportieren ließ, um sie hier wieder aufzubauen.

Für den Motorradfahrer hat Karpacz indes kaum etwas zu bieten, außer einer unendlichen Ortsdurchfahrt. Also lege ich Kurs Nord an, verspricht doch die Landkarte hinter Jelenia Góra jede Menge kurviger Nebenstraßen. In Jelenia Góra, dem ehemaligen Hirschberg, lässt sich der Strukturwandel der vergangenen Jahrhunderte bestens erleben. Die Außenbezirke werden dominiert von Lidl, Obi, Penny und westlichen Autohäusern, danach eine Zone sozialistischer Baukunst, Plattenbauten in allen Zustandsstadien von kunterbunt renoviert bis erschreckend abgewrackt, die abgelöst wird von alten Stadthäusern, die zumeist auf frische Farbe warten. Schließlich folgt das historische Zentrum mit uralten Bürgerhäusern, malerischen Gassen, barocken Gewölbegängen, lebendig und überraschend schön.

Polnische und tschechische Dörfer

Die Karte hat nicht zu viel versprochen. Kaum habe ich Jelenia Góra das Rücklicht gezeigt, tauche ich in die polnische Provinz ein. Kleine Dörfer mit stilvollen Holzhäusern, rumpelige, fast verkehrsfreie Alleen, es riecht nach Kohlefeuer und frischem Heu. Mohnblumen und blühender Raps, blauer Himmel und

dunkle Wolken überm Riesengebirge. Ich ignoriere die Karte im Tankrucksack, lasse mich einfach treiben und auf Wege locken, die noch niemals Asphalt gesehen haben. Verfahren ist kaum möglich, die Berge im Süden sind immer präsent.

Die gleiche Taktik wende ich anderntags auf tschechischer Seite an. Nördlich von Vrchlabi kurven winzige Straßen durch die Berge, passieren sehenswerte Orte wie Rokytnice und Vítkovice mit ihren typischen gemütlichen Holzhäusern, blühende Bergwiesen, nette Gasthöfe und weite Blicke zu den rundlichen Kuppen des Riesengebirges. Schwierig wird es allerdings, mit diesen Bergen auf Tuchfühlung zu gehen. Der Nationalpark Riesengebirge, auf Tschechisch Krkonoše, ist Wanderern und Mountainbikern vorbehalten.

Mit Motorrad und Wanderstiefeln zur Elbquelle

Erst in Spindlermühle finde ich mit der Yamaha einen Zugang, eine kleine Mautstraße, die sich hinauf zur Spindlerbaude direkt auf der Grenze windet. Der Schrankenwärter stellt mir eine Genehmigung aus und schon bollert die Ténéré entlang der jungen Elbe durch den Fichtenwald bergan. Oben auf 1200 Metern herrschen raue Bedingungen, der kalte und kräftige Wind treibt Wolkenfetzen über die baumlose Hochfläche. Auf der benachbarten Schneekoppe liegt die Jahresdurchschnittstemperatur bei 0,2 Grad.

Noch höher hinauf geht es nur zu Fuß. Keine schlechte Idee, wollte ich doch schon immer die Quelle der Elbe sehen. Also rolle ich talwärts bis zum Elbgrund, tausche die Motorradstiefel gegen die Wanderschuhe und folge dem Waldweg. Hier darf die junge Elbe noch wild und unreguliert sprudeln. Der dichte Fichtenwald sperrt das Licht aus. Erst weiter oben wird es heller, die Stimmung angesichts der vielen Baumleichen dafür trüber. Tote Stämme knarzen im Wind, zeugen von der immensen Luftverschmutzung vor allem durch Kohlekraftwerke, die in den 1960er- bis 1990er-Jahren den Wald im Riesengebirge massiv zerstört hat.

Vorbei am Elbfall klettere ich die letzten Meter bis zur Elbquelle, ein einfacher Betonring, aus dem ein spärliches Rinnsal sickert. Beim Abstieg zieht Nebel auf, in der mystischen Atmosphäre verwandeln sich die toten Bäume in gespenstische Gestalten. Ein Wald voller Fabelwesen, Trolle, Feen, Klabautermänner und – natürlich – Rübezahl.

Noch darf sich die junge Elbe wild und unreguliert über die Felsen des Riesengebirges stürzen (links). Hier und da finden sich noch geschotterte Wege, die legal zu befahren sind (oben).

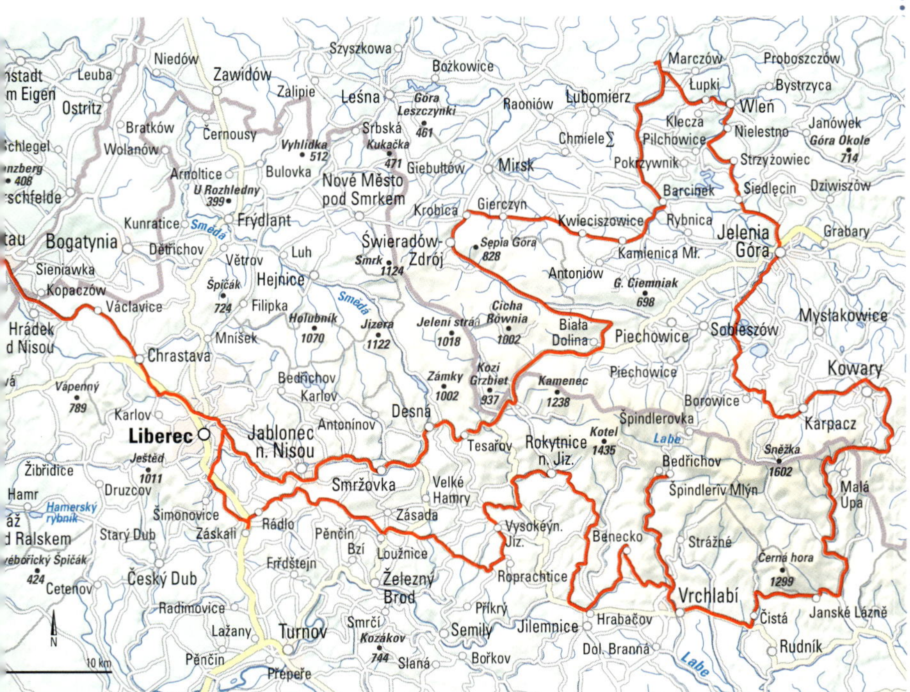

REISEINFOS

ALLGEMEINES

Das Riesengebirge beiderseits der polnisch-tschechischen Grenze ist mit 40 Kilometern Länge übersichtlich klein. Trotzdem hat es so viel zu bieten, dass keine Langeweile aufkommt.

ANREISE

Für sächsische Biker gehört das Riesengebirge zur Kategorie Tagestour. Die schnellste Route aus dem Hamburger Raum führt über Berlin und Dresden. Von Westdeutschland kommend, geht es zügig über die A44, A7 und A38 vorbei an Leipzig bis Dresden und weiter nach Tschechien. Süddeutsche fahren über Nürnberg, Pilsen und Prag ins Riesengebirge.

REISEZEIT

Von Anfang Mai bis Ende Oktober

TOUR-CHECK

Länge: 350 km
Schwierigkeit: Einfach
Streckenbeschaffenheit: Asphalt
Besonderheiten: Bei klarem Wetter lohnt die Seilbahnfahrt auf die Spitzkoppe, mit 1602 Metern der höchste Berg im Riesengebirge. Die Wanderung entlang der jungen Elbe bis zur Quelle auf 1387 Metern Höhe ermöglichst intensive Einblicke in die Natur des Nationalparks, wie sie aus dem Motorradsattel unmöglich sind.

ÜBERNACHTUNGEN

Vom einfachen Campingplatz für fünf Euro bis zum Fünf-Sterne-Luxus-Hotel ist alles vorhanden, mit dem größten Angebot im mittelpreisigen Segment der Pensionen. Das Preisniveau liegt spürbar unter dem in Deutschland. Weitere Infos unter www.e-riesengebirge.de, www.tschechische-gebirge.de/riesengebirge, www.riesengebirge24.de und www.krkonossko.cz/de

KARTEN

Marco-Polo-Straßenkarte Tschechien Blatt 2 »Mähren«, Maßstab 1:200 000, MairDumont Verlag, ISBN 978-3-8297-3998-6. Kompass-Wanderkarte »Riesengebirge«, Maßstab 1:50 000, ISBN 978-3-9904-4644-7

Nach einem spannenden Tag wird abends der Benzinkocher angefeuert, um etwas Leckeres zu kochen.

HOHE TATRA

Im Osten viel Neues

Das kleinste Hochgebirge Europas – so wird die Hohe Tatra im Grenzgebiet der Slowakei und Polens bezeichnet. Eine Reise abseits des Massentourismus in eine für viele noch unbekannte Welt. Es lohnt sich.

Seine erste Visitenkarte verteilt ein fremdes Land an der Grenze. In der EU kennen wir dank des Schengen-Abkommens kaum noch Grenzkontrollen. Umso mehr erschrecken uns die dreistündige Wartezeit und die anschließende schikanöse Abfertigung am slowakischen Grenzposten von Uzhorod. Wie vor 35 Jahren bei der Einreise in der DDR. Der wohlbeleibte Zöllner fragt uns unwirsch, wo wir Tabak und Alkohol aus der Ukraine versteckt haben, wie viel Benzin in den Tanks unserer Enduros schwappt und wie schnell meine Ténéré fährt. Papiere werden kopiert, Gepäckrollen durchsucht. Willkommen im alten Ostblock und beim EU-Mitglied Slowakei. Der erste Eindruck sitzt. Mal sehen, ob das Land diese Scharte auswetzen kann.

Es gibt sich zumindest Mühe. Zwischen grünen Hügeln mäandert die ruhige Straße westwärts. Gemütliches Bummeltempo, Witterung aufnehmen mit dem neuen Land. Vorbei am Stausee Sempliner Weite, durch die Kleinstadt Michalovce, die wir schon vergessen haben, bevor wir am Ortsschild vorbei sind. Wir entdecken kaum noch rollende Spuren der sozialistischen Zeit: keine Ladas und Trabbis, nur selten sehen wir einen alten Skoda oder eine Jawa.

»Westlich der Großstadt Košice tauchen wir ein in die Baumplantagen des slowakischen Erzgebirges.«

Beeindruckende und erschreckende Bilder

Westlich der Großstadt Košice tauchen wir ein in die Baumplantagen des slowakischen Erzgebirges, mit fast 1500 Metern deutlich höher als sein deutscher Namensvetter. Der dichte Wald vereitelt zumeist jedwede Aussicht, aber die fast verkehrsfreien kleinen Bergstraßen sind ein perfektes Revier zum entspannten Motorradwandern. Das Land sammelt eifrig Pluspunkte. Bis wir nach Jasov kommen, eine kleine Stadt im Tal der Bodva. Eigentlich ganz nett, aber dann schockieren uns am Stadtrand zwei dreistöckige Plattenbauruinen. Die Fenster sind Vergangenheit, die Türen wurden samt der Zargen aus

Die Ruine der Zipser Burg thront strategisch perfekt auf einem steilen Felsen (links). Mächtig erscheint die 2634 Meter hohe Lomnitzspitze in der Hohen Tatra (rechts).

den Wänden gebrochen, Müllberge schwelen qualmend und stinkend vor sich hin, nackte Kinder spielen in ausgeschlachteten Autowracks und Roma-Frauen waschen ihre Wäsche im vorbeifließenden Bach. Solche Slums hätte ich in Lagos, Manila oder Kalkutta erwartet, niemals aber in einem EU-Land. Wie schrecklich.

Es dauert viele Kilometer, bis wir diese Bilder verdrängen können. Erst als sich die Silhouette der Hohen Tatra überraschend groß und mächtig aus dem Nachmittagsdunst pellt, ist unsere Reiselust schlagartig zurück. Die Hohe Tatra ist das kleinste Hochgebirge der Welt, kaum 30 Kilometer lang, aber 20 Berge gipfeln höher als 2500 Meter. Besonders aus der Ferne wirkt die Phalanx dieser Berge gewaltig. Am Fuß der schroffen Lomnitzspitze finden wir einen riesigen Campingplatz mit bester Aussicht.

Ab in die Hohe Tatra

Anderntags erkunden wir die Hohe Tatra, soweit es mit den Motorrädern möglich ist. Nicht ein einziger Pass überquert das steile und schroffe Gebirge. In die engen und wilden Täler, wo noch Luchse und etwa 50 Bären leben, geht es allenfalls per pedes. Gut so. Allerdings haben es die Naturschützer des Nationalparks Tanap, immerhin ein von der UNESCO geadeltes Biosphärenreservat, nicht leicht gegen die mächtige Lobby der Forstindustrie und vor allem gegen die Profitgier bauwütiger Investoren, die die Tatra am liebsten zu einem riesigen Wintersport-Event-Zirkus mit Hotels, Skiliften und Kunstschneepisten ausbauen wollen. Wer Kritik an diesem Umgang mit der Natur äußert, wird vor die Tür gesetzt, so wie vor einigen Jahren der Direktor des Nationalparks, der sich so entschlossen für die Tatra einsetzte, dass ihn die Regierung feuerte.

Das touristische Herz der Tatra schlägt in Tatranska Lomnica, eine eigenartige architektonische Mixtur unterschiedlicher Epochen, die vom altehrwürdigen Grandhotel Praha, erbaut vor 110 Jahren im Art-Nouveau-Stil der Belle Époque, über ruinöse Bauten der kommunistischen Ära bis hin zu protzigen Villen, rustikalen Blockhäusern und hässlichen Betonhotels der Neuzeit reicht. Trotzdem ist Lomnica jenseits des winterlichen Skizirkus ganz nett geblieben. Ruhige Cafés und kleine Läden, die im Sommer vor allem Outdoor-Ausrüstung anbieten, warten hier auf Kundschaft.

Von der Slowakei nach Polen

Nur die Berge wirken von hier nicht wirklich groß, wir sind zu nah dran. Klar könnten wir mit der Seilbahn auf den Gipfel der Lomnitzspitze (2633 Meter) schweben, aber wir wollen viel lieber Motorrad fahren. Also gehen wir auf Abstand zu den Bergen, kurven über kleine Straßen in die dicht bewaldete Niedere Tatra, vorbei an der riesigen Ruine der Zipser Burg und über eine staubige Piste entlang des Grenzflusses Poprad nach Polen. Kontrollen gibt es hier nicht mehr.

Polen wirkt sofort sympathisch, schöne alte und gepflegte Holzhäuser in gemütlichen Dörfern, hohe Wiesen wiegen sich im warmen Wind, mächtige Gewittertürme ziehen in beruhigendem Abstand vorbei und auf den Nebenstraßen nach Zakopane ist kaum Verkehr. Im Süden wächst die Hohe Tatra in den blauen Himmel, sieht von hier viel unspektakulärer aus als von der anderen Seite, weil die Berge sanft gerundet statt steil zerklüftet sind. Der Feierabendverkehr von Zakopane nervt zwar, aber die alte Stadt selbst hat sich trotz Massentourismus ihren Charme bewahren können. Vor allem im Winter fluten drei Millionen jährliche Besucher die Skimetropole Polens.

Zurück in die Slowakei

Oberhalb von Zakopane üben wir uns in Annäherungsversuchen an die Tatra, finden ein paar kleine Wege, wo wir freie Sicht haben. Bis zur Grenze des Nationalparks wird eifrig und scheinbar planlos gebaut: Hotels, Pensionen, feine Villen. Zwei Stunden später sind wir zurück in der Slowakei, die Grenzposten bei Chochołów sind abermals verlassen. Das Land sammelt weiter eifrig Pluspunkte, rollt uns die Landstraße nach Liptovský Mikuláš vor den Speichenrädern aus. Zwei 1000-Meter-Pässe, bester Teer, flüssige Kurven, kaum Verkehr. So muss das sein. Am Horizont die sanften Berge der Niederen Tatra, deren höchster – der Dumbier – immerhin 2045 Meter misst. Eine ruhige Landschaft, der jedes Spektakel abgeht. Das überlässt sie der Hohen Tatra. Am großen Stausee von Liptovský, dem Liptauer Meer, finden wir den gepflegten Campingplatz Mara mit bester Aussicht in die Tatra. Es gibt leckere Pizza und kühles Staropramen-Bier für kaum zehn Euro. Ein entspannter letzter Abend in der Slowakei, morgen geht es weiter nach Tschechien. Am Ende hat das Land die tiefe Scharte, die unsere erste Begegnung bei der Einreise hinterlassen hat, auswetzen können.

Kežmarok ist mit seinem historischen Kern eine der wenigen schönen Städte der Region (links). Kurvenschwingen südlich der Hohen Tatra (oben).

REISEINFOS

ALLGEMEINES

Eine Reise in die ehemaligen Ostblock-Länder ist für viele noch immer Neuland. Entdeckergeist und Toleranz gehören dazu. Und es gibt viel zu entdecken, etwa die Hohe Tatra, den Höhepunkt der Slowakei im wahrsten Sinne des Wortes. Seit 1993 ist das Land wieder ein eigener Staat, nachdem eine Volksabstimmung in der Tschechoslowakei für zwei souveräne Staaten votiert hatte. 2004 wurde das Land in die EU und NATO aufgenommen.

ANREISE

Wer auf eigenen Rädern fährt, den erwartet von Köln bis Košice eine Strecke von etwa 1400 Kilometern, von München sind es etwa 1000 Kilometer und von Dresden 780 Kilometer. Alternative: Mit dem Autozug der ÖBB von Hamburg oder Düsseldorf bis Wien bzw. Innsbruck.

REISEZEIT

Von Mai bis Oktober herrschen in der Regel beste Bedingungen. Das Klima ist vergleichbar mit dem in Süddeutschland.

TOUR-CHECK

Länge: 670 km
Schwierigkeit: Einfach
Streckenbeschaffenheit: Zumeist gute Asphaltstraßen
Besonderheiten: Vignette für Autobahnen und Schnellstraßen

ÜBERNACHTUNGEN

Vom einfachen Campingplatz für fünf Euro bis zum Luxushotel ist alles vorhanden. Einen Besuch wert ist das Grandhotel Praha in Lomnica, wo man das Flair der Belle Époque bereits ab etwa 80 Euro erleben kann (www.ghpraha.sk). Weitere Infos gibt es hier: www.vt.sk, www.slowakei-net.de, www.visitslovakia.com und www.slovakia.travel/de

KARTEN

Marco-Polo-Karte »Slowakische Republik« im Maßstab 1:200 000, MairDumont, ISBN 978-3-8297-3991-7. Autokarte »Slowakische Republik«, Maßstab 1:200 000, Freytag & Berndt, ISBN 978-3-7079-0472-7

UNGARN

Zwischen Burgenland und Balaton

Eine Stippvisite in Westungarn ist abenteuerlich anders – sowohl on- als auch offroad. Perfekt zum Beispiel auch als Appetizer für das gesamte Thema Osteuropa ...

Das musste einfach sein: Wie oft dieses Ortsschild wohl schon fotografiert wurde?

Transdanubien, also der Westen Ungarns zwischen der Ostgrenze Österreichs und dem Planschbecken namens Balaton, ist flunderflach, außerhalb der Städte mächtig einsam und entlang des Plattensees im Sommer gnadenlos schattenlos. Die Region ist also ein ideales Territorium, um sich ganz nebenbei auf die kommenden Klimata in Mitteleuropa einzustellen. Ziehen Sie einfach Ihre Sommerkombination an und starten Sie durch.

»Sopron ist eine der ältesten Städte Ungarns, heute quirlt rund um die historische Altstadt das Leben.«

Überraschung gleich hinter der Grenze

Kaum haben wir von Österreich kommend die Grenze nach Ungarn überquert, stoßen wir vor in eine andere Welt. Der Kontrast könnte kaum härter sein: Soeben noch das kehrwochenverwöhnte Burgenland mit seinen Hügelwelten, seinen Ansichtskarten-Dörfern und nun, wenige Kilometer weiter, geht es auf Schlaglochpisten vorbei an verfallenen Gehöften und lang schon aufgegebenen Weilern. Zugegeben: Das Niemandsland zwischen zwei Staaten ist wohl selten hübsch anzuschauen. Aber hier, wo der Eiserne Vorhang Europa fast 50 Jahre lang unüberwindbar spaltete, haben sich die »goldenen Zeiten« offensichtlich mit Kopfschütteln abgewendet. Und gleichwohl auch Ihnen erste Zweifel an unserem Reiseziel kommen mögen, halten Sie durch!

Denn bereits wenige Kilometer weiter setzt Sopron einen sehenswerten Kontrapunkt. Sie ist eine der ältesten Städte Ungarns, die Römer bauten Soprons Grundmauern und heute quirlt rund um die historische Altstadt das Leben, lädt zu einem Rundgang ein. Nehmen Sie sich Zeit und schauen Sie sich um, statten Sie dem Rathaus und dem gegenüber befindlichen Stornó-Haus einen Besuch ab, ebenso der Geißkirche und der Dreifaltigkeitssäule. Gönnen Sie sich auch eine Stärkung – mein Tipp dazu: das Cafe Randevú an der Várkerület 30.

Gelungene Dorf-Verschönerung bei Sopron: Mit einfachsten Mitteln kann man so viel Sehenswertes schaffen (links). So frei sind die Uferstrecken am Balaton nur unter der Woche. An Sommerwochenenden herrscht Remmidemmi (rechts).

Pápa wartet schon

Ein Mix aus perfekt asphaltierten Bundes- und stümperhaft geflickten Landstraßen stimmt sodann Federbein und Bandscheiben auf die kommenden Tage ein. Vor allem die oftmals pfeilgerade zum Horizont führenden Nebenstrecken sind echte Rüttelstrecken für Mensch, Motorrad und auch unsere Zahnkronen oder Inlays. Dafür werden wir in Pápa im Herzen Transdanubiens bereits gastfreundlich erwartet. Zum Beispiel auf Ungarns modernstem Campingplatz, einem perfekten Basislager mit toller Infrastruktur und »angeflanschtem« Thermalbad. Nicht zu vergessen: Fast 1000 Jahre Stadtgeschichte liegen gleich »umme Ecke«.

Abwechslung pur

Die erste gepäckfreie Runde führt uns durch den Norden Transdanubiens. Weite Ebenen und einsame Straßendörfer wechseln sich ab, führen uns durch die »Kleine ungarische Tiefebene« nach Győr, einstmals der letzte Vorposten Wiens vor der Türkenfront. Nachdem die Türken vertrieben worden waren, begann die Zeit des Wohlstands, heute leben hier 130 000 Menschen und ganze fünf Partnerschaften allein mit deutschen Städten symbolisieren eine enge Verbundenheit zum Westen Europas. Kein Wunder, dass wir uns beim Rundgang durch die barocke Altstadt sofort wohlfühlen, ein wenig ist dies auch der herrlichen Törtchenauswahl im Café-Restaurant Matias in der Baross Gábor utca 12 geschuldet.

Die Benediktinerabtei Pannonhalma südlich von Győr ist ein sehenswertes Relikt mittelalterlichen Wohlstandes. Hoch auf einem Hügel gelegen, blickt der imposante Sakralbau weit über das Land, dessen Nebenstraßen den Stoßdämpfern unseres Bikes alles abverlangen. Abends retour in Pápa empfehle ich »dringend« eine Runde »Hundekraul« im herrlich entspannenden Thermalbad nebenan.

Ein Sonntag am Balaton

Der Plattensee, der berühmte Balaton, ist unser Ziel anderntags. Über Kup, Noszlop und Devecser geht es schnurstracks Richtung Süden. Nicht nur die von der Natur zurückeroberte Tankstelle in Úrkút erinnert nachdrücklich daran, stets recht-

zeitig vollzutanken. In Veszprém müssen wir uns durch ein Konglomerat aus Industrie, Verfall und Einbahnstraßen kämpfen, um zum sehenswerten Zentrum vorzudringen. Aber es lohnt sich. Im Mittelalter war Veszprém eine der bedeutendsten Städte Ungarns, davon erzählen heute allerdings nur noch zahlreiche Museen.

Der Balaton ist Ungarns berühmtester See und an Sommerwochenenden ein sehr beliebtes Ziel Hunderttausender ungarischer Familien. Daher empfehle ich Ihnen, ihn und sein sehenswertes Umland vielleicht eher unter der Woche zu besuchen. Mit gut 600 Quadratkilometern ist der Balaton Europas größter und bedeutendster Steppensee und mit gerade einmal drei Metern durchschnittlicher Tiefe eine der wärmsten »Pfützen« unseres Planeten. Sein Freizeitwert ist enorm, die Uferlinie auf weiter Strecke schattenlos.

Natürliche Teilung

Die Halbinsel Tihany schnürt den See bis auf gut einem Kilometer Breite zusammen, sie ist reich an historischen Denkmälern und vor allem der gleichnamige Ort ist Ziel zahlreicher Gäste und Urlauber. Ja, die Gründungsurkunde Tihanys gehört zu den bedeutendsten ungarischen Zeitdokumenten, werden hierin doch auch viele andere Siedlungen des Landes erstmals namentlich erwähnt. In den hübschen Dorfgassen wollen uns unzählige Cafés und Restaurants aus dem Sattel locken, lassen Sie es geschehen. Ein Besuch in Tihany gehört auf einer Reise durch Ungarn einfach dazu.

Anschließend geht es schwungvoll hinaus an den See, über das Nordufer des Balaton huschen wir auf der Bundesstraße 71 immer in Sichtweite zum Wasser nach Westen, vorbei an Campingplätzen, Gasthöfen, Hotels und Hunderten von Einkehrmöglichkeiten. Hinter Badacsony – hier werden verschiedene Weißweine gekeltert – setzen wir den Blinker rechts und kurven zurück in die Hügel des Nordens. Spätestens hier, wenn der See im Dunst der Ferne verschwindet, herrscht wieder freie Fahrt für freie Biker.

Die Piste ist allerdings mittelmäßiger Qualität, dafür geht es durch sehenswert verschlafene Weiler und typische Straßendörfer, Störche schauen uns aus der luftigen Höhe ihrer verkabelten Nester zu und wundern sich vermutlich über Biker aus dem fernen Westen in schweißtreibendem Ornat. Das

Herrlich anzuschauen: Die historische Altstadt von Savar zeigt sich frisch herausgeputzt (links). Freie Fahrt für freie Biker: Der Offroad-Spaß kennt in Ungarn keine Grenzen (rechts). Liebe zum Detail: historischer »Baumarkt« beziehungsweise Gemischtwarenladen in Györ (unten).

Land ist im Sommer staubtrocken, die Luft flimmert über der Piste, erzeugt Eistüten-Fata-Morganen am laufenden Band.

Auch offroad ein Erlebnis

Der Nordwesten Transdanubiens steht als letzte Runde auf unserem Roadbook. Über Celldömölk tuckern wir nach Sárvár, schnurgerade führen die Straßen zum Horizont. Die auch hier allerorten frei wählbaren Offroad-Abstecher bringen prächtige Abwechslung und Herz sowie Kreislauf jedes Bikers ordentlich in Schwung. Echtes Kontrastprogramm schenkt uns anschließend das Städtchen Sárvár mit einer der ganz wenigen ungarischen Wasserburgen. Okay, deren Wassergraben wurde inzwischen zu einem Park umfunktioniert, reizt aber dennoch jeden Fotofinger mit einer gewaltigen Bogenbrücke. Biker dürfen sogar legal über sie fahren. Anschließend schlendern wir ein wenig durch den bunten Kern des weithin bekannten Kurortes.

In Szombathely an der Westgrenze Ungarns erinnert heute kaum noch etwas an die Zeiten des Sozialismus, in denen es der Stadt und ihren Menschen aufgrund der Nähe zum Eisernen Vorhang nicht besonders gut ging. Das blitzblanke Zent-

rum mit seinem Springbrunnen in der Fußgängerzone »Fö tér« lädt zum Beispiel zu einem zweiten Frühstück, das Bike parkt derweil sicher in einer der Nebenstraßen.

Grenzland-Erfahrung

Eine letzte Portion Grenzland wollen wir uns jetzt noch gönnen – und vielleicht die eine oder andere Offroadpiste. Das beschauliche Kőszeg lockt uns zur Mittagszeit aber erst einmal mit Einkehrschwung an Einkehrschwung, hier geht niemand hungrig von dannen. Mein Tipp dazu: das Portré am Fö tér 7, dem historischen Hauptplatz in Sichtweite zur imposanten Herz-Jesu-Kirche. Nicht zu verfehlen.

Der letzte Abschnitt unserer Runde entführt uns erneut in die beeindruckende Einsamkeit des Grenzlandes zu Österreich, in einem weiten Bogen umfahren wir Sopron und landen schließlich in Fertőd, dem touristischen Pflichtprogramm des Nordwestens. Dessen historischer Schatz ist das Esterházy-Schloss, eines der schönsten Rokokoschlösser Ungarns. Der Park des UNESCO-Weltkulturerbes ist frei zugänglich, und während sich in die historischen Gemäuer an einem »normalen« Sommertag Busladungen voller schnatternder Asiaten ergießen, schlendern wir durch die beinahe menschenleeren, prächtigen Gartenanlagen des Prunkbauwerkes.

Das Wiener Schloss Schönbrunn stand den Baumeistern Pate, der Komponist Joseph Haydn verbrachte so manche Sommer im »ungarischen Versailles«, wie das Schloss gerne auch genannt wird. Ein historisch wertvoller und optisch wahrlich krönender Abschluss unserer Reise durch Transdanubien, wie sie gegensätzlicher – und interessanter – kaum sein konnte. Und ja, zugegeben: Für das Motorrad und unsere Bandscheiben war das Straßennetz der Region gleich hinter dem ehemaligen Eisernen Vorhang sicherlich eine echte Herausforderung, gleichwohl zumindest echte Reiseenduros wie die auf meinen Bildern zu sehende geniale Triumph Tiger Explorer die Frage nach einem weiteren transdanubischen Einsatz mit lapidarem »Passt schon« beantwortet hat.

Also haben wir uns an der Grenze zu Österreich noch einmal umgedreht und uns mit einem porentief ehrlich gemeinten »Auf Wiedersehen« von Ungarn verabschiedet – »Viszontlátásra«, so sagt man hier. Ja, wir werden auf jeden Fall noch einmal wieder hierherkommen.

Alles ist zur Sonne ausgerichtet: Die Altstadt von Kőszeg lädt zum Verweilen ein (links). Ordentlich Bodenfreiheit ist in Ungarn vielerorts vonnöten, denn die Pisten sind wahre Stoßdämpfer-Teststrecken (oben).

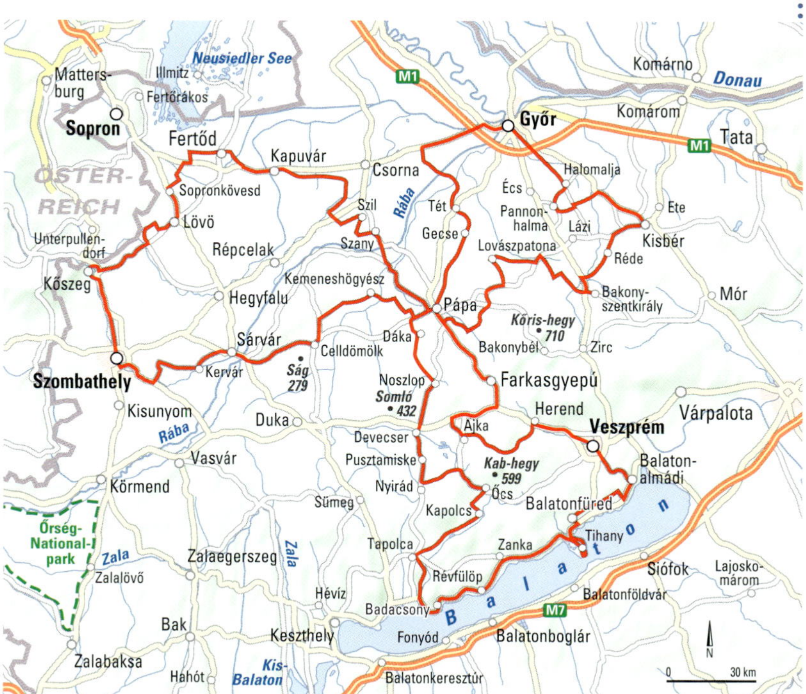

REISEINFOS

ALLGEMEINES

Als Transdanubien, also »Jenseits der Donau«, werden die südwestlich der Donau gelegenen Regionen Ungarns bezeichnet, insbesondere die Verwaltungsbezirke Győr-Moson-Sopron, Veszprém, Zala sowie Baranya, Fejér und Komárom-Esztergom. Hier finden sich üppige Wälder, endlose Ebenen, große und kleine Seen sowie Städte und Dörfer mit jahrhundertealter Geschichte – eine herrlich abwechslungsreiche Mixtur.

ANREISE

Über Salzburg nach Österreich, via mautpflichtiger A1/A2 über Wien zum Knoten Eisenstadt, via B16 zur Grenze und nach Sopron

REISEZEIT

Ungarns Frühling beginnt im März, geht ab Juni in einen meist heißen Sommer über mit Temperaturen deutlich über 30° Grad, der Herbst ist angenehm temperiert und golden. Mein Tipp für die beste Reisezeit lautet: Anfang Mai bis Ende Juni sowie ab Mitte August bis Ende Oktober.

TOUR-CHECK

Länge: 750 km
Schwierigkeit: Mittelschwer
Streckenbeschaffenheit: Asphalt, Kies und Feldwege wechseln sich ab, die Durchgangsstraßen sind in ordentlichem Zustand.
Besonderheiten: Die Region ist perfekt für den tourenden Entdecker, der sich auch von üblen Schlaglochpisten nicht aus dem Gleichgewicht bringen lässt. Die Offroadpisten sind leicht bis mittelschwer.

ÜBERNACHTUNGEN

Thermal-Campingplatz in Pápa (www.thermalcamping.de), Hotel Caesar Panzió im Herzen Pápas (www.caesarpanzio.hu). Weitere Infos auf der Website des Ungarischen Tourismusamts Budapest (www.wowhungary.com)

KARTE

Autoatlas »Ungarn Supertouring«, Maßstab 1:200 000, Freytag & Berndt, ISBN 978-3-7079-1292-0

Mitte Mai zieht in den Karpaten endlich der Frühling ein.

RUMÄNIEN

Trans-sylvanische Entdeckungen

Rumänien steckt voller Überraschungen: freundliche Menschen, die mächtigen Karpaten, einsame Wälder, alte deutsche Dörfer voller Atmosphäre, Draculas Spuren und schlaglochreiche Wege. Ein Land für Entdecker.

Nichts Böses ahnend, rollen Robert und ich auf der E70 durch eins der Straßendörfer östlich von Timișoara. Plötzlich packt mich eine mächtige Windböe, rüttelt heftig an der Ténéré. Ein fetter Vierzigtonner brüllt rücksichtslos mit 90 Sachen haarscharf an mir vorbei. Mitten im Ort. Gefolgt von einem schwarzen Porsche Cayenne, der, sobald ihm der Sattelschlepper genug Platz lässt, seinerseits den Lkw versägt. Wie bescheuert muss man eigentlich sein, um so zu fahren? Wir sind schockiert, aber nicht zum letzten Mal, denn beinahe im Viertelstundentakt erleben wir ähnliche Attentatsversuche auf den Fernstraßen. Dabei ist der durchschnittliche Rumäne durchaus zivilisiert unterwegs, es sind vor allem die Fahrer deutscher Luxusautos, die offenbar glauben, mit ihrem wie auch immer gewonnenen Reichtum auch das Recht auf schwachsinnige Fahrweise gepachtet zu haben. Und was lernen wir daraus? Meide die Fernstraßen, nutze die kleinen Wege.

Warten auf den Frühling

Die erste Woche in Rumänien verläuft nicht gerade so, wie wir uns das erträumt hatten. Das perfekte Frühlingswetter, das uns durch Österreich und Ungarn begleitet hatte, traut sich noch nicht bis in die Karpaten. Dort verweigert der Winter hartnäckig seinen Rückzug. Jenseits von 1500 Metern ist die Landschaft noch tief verschneit, die hohen Berge stecken in finsteren Wolken, und die Piste, auf der wir einen Annäherungsversuch ins Gebirge wagen, versinkt bei ein Grad über Null im Schneetreiben und Schlamm. Aus der Traum vom höchsten Pass des Landes, dem 2145 Meter hohen Urdele. Mitte Mai hatten wir nicht damit gerechnet, hier schockgefrostet zu werden.

Die nette Holländerin Antje, die den schnuckeligen Campingplatz in Carta betreibt, verbreitet Optimismus: »Übermorgen soll endlich der Frühling kommen.« Der gefrierende Nieselregen in der Nacht spricht eine andere Sprache, aber morgens kämpft sich tatsächlich die Sonne schüchtern durch die Wolken. Endlich sehen wir die Karpaten, eine gewaltige Phalanx steiler, weißer Berge, über 2500 Meter hoch. Wir lassen die Zelte stehen, bummeln über kleine, oft ungeteerte und fast verkehrsfreie Wege durch die sanften grünen Hügel des Karpatenvorlands. Hirten ziehen mit ihren Schafherden übers weite Land, bunt gekleidete Roma-Familien holpern mit rustikalen,

In den Gassen von Sighişoara, dem ehemaligen Schäßburg, eine der schönsten Städte in Rumänien (links). Frühmorgens dampft der historische Zug der Waldbahn von Viseu ins Wassertal (rechts).

uralten Pferdefuhrwerken durch malerische Dörfer. Wir fühlen uns um Jahrzehnte zurückversetzt.

Siebenbürgen oder Transsylvanien

Die Ortsschilder sind auf Deutsch und Rumänisch, zeugen vom ehemaligen Siedlungsgebiet der sogenannten Sachsen hier in Siebenbürgen. Bereits im zwölften Jahrhundert kamen die ersten Siedler nach Transsylvanien, folgten den Versprechen des ungarischen Königs Geysa, bauten Dörfer und mächtige Wehrkirchen und sicherten das Land so gegen die gefürchteten Überfälle von Mongolen und Tartaren. Als Dank dafür genossen die Siedler die Privilegien des »Goldenen Freibriefs«, Vorteile, von denen sie daheim nicht mal zu träumen gewagt hätten. Von den ehemals 300 Kirchenburgen hat die Hälfte die Zeit überstanden, manche trostlos verfallen, andere sehenswert restauriert.

Die schönste finden wir in Deutsch-Weißkirch, das heute Viscri heißt. Sarah, die »Behüterin« der uralten Wehrkirche, führt uns durch ihren Schatz. Meterdicke Mauern, stockfinstere Treppen, ein hölzerner Wehrgang in luftiger Höhe, überragt vom weißen Turm mit seinem pyramidenförmigen roten Ziegeldach. Aber nicht nur die Kirchenburg fasziniert uns, auch das Dorf ist so pittoresk, bunt und lebendig wie kein anderer Ort in dieser Gegend. Alte pastellfarbige Steinhäuser säumen die breite, grob gepflasterte Dorfstraße, Kinder treiben Kühe vor sich her, ein blauer russischer Lkw sammelt volle Milchkannen an den großen Holztüren der Gehöfte ein. Landleben wie aus dem Bilderbuch.

Schloss Bran, die Heimat von Graf Dracula

Ganz im Gegensatz zum Wetterbericht war es ein richtig guter Tag, immerhin 15 Grad warm. Aber eine böse Überraschung wartet noch. Kurz vor Carta auf einer staubigen Buckelpiste will Roberts BMW nach einem Fotostopp nicht mehr anspringen, die Kontrollleuchten glimmen nur noch müde. Offenbar ist die Batterie hinüber. Wir binden die dicke 1200er mit Spanngurten hinter die XT und ziehen sie zum Campingplatz. Der Ténéré wird mächtig warm ums Herz, als Zugfahrzeug wurde sie nicht entwickelt. Antje leiht uns ein Überbrückungskabel, aber die BMW verschmäht den Strom aus der Yamaha-Batte-

rie. Nichts geht mehr. Am nächsten Morgen bekommt die BMW eine Organspende, wir pflanzen ihr die Yamaha-Batterie ein. Diesmal wehrt sich die GS nicht gegen den japanischen Strom und springt sofort an. Robert düst nach Sibiu, findet dort einen Bosch-Dienst, der sogar eine passende Batterie auf Lager hat, und ist schon mittags gut gelaunt zurück. Endlich wieder mobil.

Auf zum legendären Draculaschloss nach Bran. Ob der angebliche Vampir, der erst durch den Roman von Bram Stoker weltberühmt wurde, tatsächlich hier gelebt hat, ist umstritten, aber eigentlich auch belanglos, denn der Mythos lebt, lockt Unmengen von Touristen in die tolle Burg, die auch ohne die Schauergeschichten fantastisch wäre. Eine zauberhafte Architektur, verspielte Türmchen und Arkaden, Zimmer und Gänge, mal schaurig finster, dann wieder filigran oder äußerst massiv.

Inzwischen regnet es wieder, wir flüchten Richtung Norden, sind entsetzt über den omnipräsenten Müll entlang der Straßen und in den Flüssen, trinken fiesen Kaffee in einem schrecklichen Gasthaus. Der Wirt schleppt einen großen Bastkorb mit leeren braunen Plastikflaschen über den Hof und kippt ihn einfach in den Fluss. Unsere fassungslosen Gesichter quittiert er mit einem lässigen Schulterzucken. Alltag in Rumänien. Jetzt reicht's. Wir beschließen, dass es nun einfach besser werden muss.

> *»Beliebteste Sehenswürdigkeit Rumäniens: Zig Touristen besichtigen jedes Jahr das imposante Draculaschloss in Bran.«*

Nun winkt uns das Glück

Es scheint zu helfen, der Regen lässt endlich nach, und abends haut uns Sighișoara, das ehemalige Schäßburg, aus den Socken. Was für eine wunderbare Stadt! Verblichene, bunte und fein restaurierte, jahrhundertealte Häuser säumen grob gepflasterte Gassen, auf großzügigen Plätzen finden wir einige gemütliche Cafés – ein tolles mittelalterliches Ensemble voller

Wer zu früh kommt, steckt im Schnee: Mitte Mai ist der Transfagaras-Pass in den Karpaten noch in der Winterstarre (links). Staubige Piste vor der Kulisse der Karpaten bei Carta (rechts). Filigrane Fußgängerbrücke in den Nordkarpaten (unten).

Atmosphäre. Wir sind begeistert und bleiben gleich zwei Tage, besichtigen den Stundturm, die nahe gelegene Klosterkirche Biserica Manastirii und die überdachte Treppe »Scara Acoperita«. Tatsächlich ist Sighișoara der Wendepunkt unserer Reise, ab jetzt wird nicht nur das Wetter besser, auch die positiven Eindrücke häufen sich.

Über kleine Straßen, oft verziert mit einem beachtlichen Schlagloch-Arsenal – ideales Enduro-Terrain –, holpern wir nordostwärts, staunen über die neugierigen, immer freundlichen Menschen, eine apokalyptische Industrieruine inmitten nach Schwefel stinkender Abraumhalden, endlose Wälder und spannende Pässe. Im ehemals ungarischen Siedlungsgebiet ändern auch die Dörfer ihr Gesicht, mit kunstvollen Schnitzereien verzierte Holzhäuser leuchten in der warmen Sonne. Was für ein Kontrast zu den hässlichen Städten wie Ostra, Stulpicani und Fraisin.

Die Waldbahn – Mekka für Dampflokfans

Wir folgen dem Fluss Bistrita durch ein bildschönes Tal, besuchen das berühmte Moldau-Kloster in Sucevita und entdecken dann endlich Bergstraßen, wo echter Fahrspaß aufkommt. Etwa die 17A, die mit bestem Asphalt über 1000-Meter-Pässe durch die Berge von Maramureș kurvt. Am Horizont strecken die verschneiten Zweitausender der nördlichen Karpaten ihre Gipfel in den tiefblauen Frühlingshimmel.

Die verträumte Region Maramureș ist anders, dicht bewaldet, wilder und einsamer. Die Menschen hier leben seit Jahrhunderten von der Forstwirtschaft. In der Kleinstadt Vișeu de Sus finden wir ein einfaches Gasthaus direkt an der Waldbahn, für Dampflokfans ein absolutes Muss. Jeden Morgen dampft die putzige Schmalspurlok mit ihrem Zug ins straßenfreie Wassertal und kommt abends voll beladen mit Baumstämmen zurück nach Vișeu. Zu gerne wären wir auch auf diese Zeitreise gegangen, aber für die nächsten Tage gibt es keine Tickets mehr.

Morgen wollen wir weiter in die Slowakei, Zeit für ein Fazit unserer Rumänieneindrücke: Es war spannend, oft deprimierend, dann aber wieder außergewöhnlich schön. Das Klopapier war immer rosa und rau, die Menschen offen und freundlich. Wir haben uns niemals unsicher gefühlt. Nur an eins wollten wir uns nicht gewöhnen: an die hirnlosen Raser in ihren deutschen Luxusschlitten.

Manche Orte in Transsylvanien (Siebenbürgen) sehen noch heute so aus wie vor 100 Jahren. Oft rollen Roma (oben) mit ihren Fuhrwerken über holprige Wege (links).

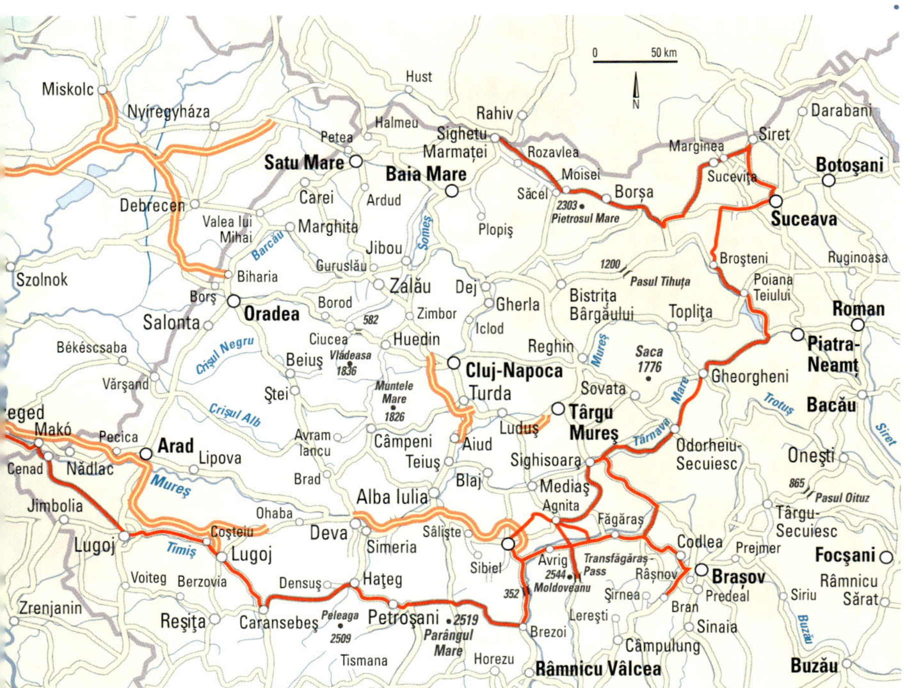

REISEINFOS

ALLGEMEINES

Rumänien ist für viele Reisende noch immer Neuland. Leben wie vor 100 Jahren und wunderschöne alte Städte stehen Umweltverschmutzung und mörderischem Verkehr auf den Fernstraßen gegenüber.

ANREISE

Von Köln bis Sibiu misst die kürzeste Strecke 1600 Kilometer. Die schnellste Route aus dem süddeutschen Raum führt durch Österreich und Ungarn, man kann auch durch Tschechien, die Slowakei und die Ukraine anreisen. Aus Nord- und Westdeutschland bietet sich die Nachtfahrt mit der ÖBB bis Wien an.

REISEZEIT

Der Frühling in den Karpaten kommt bisweilen erst Mitte Mai. Die hohen Pässe stecken oft bis in den Juni unter einer dicken Schneedecke. Die Sommer können bis zu 40 Grad heiß werden. Als optimale Reisezeit bieten sich daher Mitte Mai bis Ende Juni sowie Mitte August bis Mitte Oktober an.

TOUR-CHECK

Länge: 2000 km
Schwierigkeit: Einfach, manche Nebenstraßen erfordern Geduld.
Streckenbeschaffenheit: Die Straßen sind viel besser als ihr Ruf. Nebenstraßen erfordern allerdings nicht selten einen ausgeklügelten Slalomkurs zwischen den Schlaglöchern.
Besonderheiten: Das Tankstellennetz ist erstaunlich dicht. Nicht vergessen: die grüne Versicherungskarte!

ÜBERNACHTUNGEN

Freie Reisende finden meist auch spontan ein Quartier für die Nacht, zumeist in Pensionen und Gasthäusern. Weitere Infos unter www.rumaenien-tourismus.com, www.siebenbuerger.de und www.maramures.de

KARTEN

Autokarte »Siebenbürgen« im Maßstab 1:400 000, Freitag & Bernd, ISBN 978-3-7079-0765-0 und Landkarte »Rumänien, Moldau« im Maßstab 1:600 000, Reise Know-How Verlag, ISBN 978-3-8317-7331-2

Offroad-Fans finden in den Bergen unzählige spaßige Pisten, die zumeist legal befahrbar sind.

BULGARIEN

Terra incognita

Bulgarien hat viel mehr zu bieten als einen Billig-Badeurlaub am Schwarzen Meer: die typische Exotik Osteuropas, die höchsten Berge des Balkans, spannende Wege und das märchenhafte Rila-Kloster.

Fotos können mächtig sein, gefährlich oder sehr verlockend. Fernwehinfizierte kennen das: Beim Blättern in einem Magazin oder Surfen im Internet stößt man plötzlich auf ein fesselndes Bild und weiß sofort – egal wo das ist, da will ich hin. Genauso erging es mir mit Bulgarien als Reiseziel, verspürte ich doch vorher nie den Drang, dorthin zu fahren. Zu viele klischeebehaftete Vorurteile? Wer weiß? Plötzlich aber überraschte mich beim Schmökern in einer alten Motorradzeitung ein Bild des Rila-Klosters: geheimnisvoll, märchenhaft, verlockend. Augenblicklich setzte ich dieses Kloster auf meine »Da-muss-ich-unbedingt-hin-Liste«. 15 Jahre später bin ich endlich da.

Exkurs in die Vergangenheit

Aber der Reihe nach. Robert und ich kommen von Süden, tauschen unser griechisches Analphabetentum gegen das bulgarische. In Griechenland fanden wir zumeist zweisprachige Schilder und gelegentlich konnten wir uns sogar auf Englisch oder Deutsch verständigen. Das ist nun diesseits der Grenze vorbei. Wir verstehen nur noch Bahnhof und können nichts mehr lesen. Kyrillisch. Immerhin gelingt uns in einem Café die Bestellung – Kaffee und Cola sind international verständlich. Zur Überraschung bringt uns die hübsche Kellnerin, das völlige Gegenteil der maskulinen, bis in die Barthaare gedopten bulgarischen Gewichtheberinnen der 1980er-Jahre (schon wieder ein Vorurteil?), jedem ein Glas, gefüllt mit einem lauwarmen Mix aus Kaffee und Cola. Von wegen verständlich.

»Ladas, Wartburgs und Trabbis, aber auch Pferde- und Eselskarren – alles wirkt ursprünglich und echt.«

Derartig gedopt suchen wir das Weite und finden es schon am Ortsausgang von Simitli. Wir verlassen die Lkw-verseuchte E79 und sofort kehrt Ruhe ein. In weiten Radien klettert die 19 hinauf zum 1140 Meter hohen Predenpass und gleich wieder runter ins Mestatal. Es gibt kaum Verkehr, ab und an zischt ein alter Lada vorbei, Wartburgs und Trabbis erinnern an die sozialistischen Zeiten. Viel öfter begegnen uns Pferde- und Eselskar-

Das Rila-Kloster zählt zu den eindrucksvollsten Bauwerken des Landes. Die spirituelle Atmosphäre im Innenhof des Klosters ist einzigartig (links). Ende Mai liegt der Schnee auf den 2000 Meter hohen Pässen noch meterhoch (rechts).

ren. Menschen arbeiten gebückt auf Feldern, andere hämmern auf flache weiße Steine ein und stapeln sie am Straßenrand, freundliche alte Frauen verkaufen selbst gemachte Marmelade und Honig. Der Geldsegen der EU ist hier noch nicht angekommen. Trotzdem wirkt das alles nicht arm, viel eher ursprünglich und echt.

Slalomparcours mit Blick aufs Piringebirge

Die Orte wie Raslog, Dobriniste oder Goce Dolčev haben kaum Sehenswertes zu bieten, bestehen meist aus nüchternen Zweckbauten nebst Moschee, sind aber sauber und aufgeräumt. Dafür trumpft die Landschaft groß auf. Den Horizont dominieren die Ende Mai noch die satt verschneiten Berge des Piringebirges, die über 2900 Meter hoch sind. Wir lassen uns treiben an diesem wunderschönen Frühlings- und Fern-Seh-Tag. Die Einzylinder tuckern mit Wohlfühldrehzahl über die noch einwandfreie Straße. Motorradwandern, wie es besser kaum sein kann.

Das ändert sich hinter Dospat, wo wir auf die 37 nordwärts abbiegen. Ein tausendmal geflicktes Teerband, Löcher im Kühlschrankformat, Sand, Steine, ein einziger Slalomparcours. Eine Straße in der Renaturierungsphase zurück zur Piste. Anfangs spaßig, mit der Zeit aber nervig. Wir haben mit den einspurigen und robusten Enduros riesige Vorteile gegenüber den alten Laden oder Hyundais, die stets versuchen, mit nicht allzu vielen Rädern gleichzeitig in verschiedenen Löchern zu versinken. Es geht immer höher durch dichte Fichten- und Kiefernwälder, vorbei an unzähligen Seen und Tümpeln. Hier sieht es aus wie in Mittelschweden. Und es ist genauso kalt wie dort, bewegen wir uns doch jenseits der 1200-Meter-Marke.

Noch höher hinauf

Hinter Jundola nehmen wir die einspurige Straße hinauf zum Belmeken-Stausee unter die Reifen. Der dichte Nadelwald verhindert jede Aussicht, bis er uns plötzlich auf eine subarktisch anmutende karge Hochfläche entlässt. Eine andere Welt. Auf den graubraunen Wiesen sprießen die ersten Krokusse, meterhohe Schneewände engen die Straße ein. Und macht uns abermals klar, dass die Winter in Bulgariens Bergen lang und hartnäckig sind. Weit im Süden ragen die weißen Pirinberge auf,

eine erhabene, menschenleere und wilde Landschaft. Wenn es bloß nicht so kalt wäre, hier auf 2000 Meter Höhe.

Zum Glück sind es nur 20 Kilometer bis in den warmen Frühling des Maricatals. Der junge, hier noch höchst lebendige Fluss hat eine weite Reise bis in die Türkei vor sich, mündet dort in die Ägäis. Die Marica entspringt am höchsten Berg Bulgariens, dem 2925 Meter hohen Musala im Rila-Gebirge.

Aussichtsreiche Begegnungen mit diesen schroffen Fast-Dreitausendern verspricht die Straße von Sapareva Banja nach Goverdarci. Was in der Karte einfach aussieht, entwickelt sich zum grenzwertigen Enduro-Abenteuer. Zunächst klettert die harmlose Teerstraße in unendlichen Kurven im Buchenwald bergan, endet dann an einer Skistation. Auf unsere Frage »Goverdarci?« zeigt ein freundlicher Mann eindeutig auf eine gute Piste. Alles klar, die Richtung passt. Es geht weiter hinauf. Die Pfützen, anfangs noch lustig, wachsen allmählich zu einer Seenplatte, gefüttert von schmelzenden Schneeresten.

Eine weitere Skistation. »Goverdarci?« Da entlang. Wir queren die ersten Schneefelder. Die Piste gabelt sich, es gibt kein einziges Schild. Ein Lada Niva mit zwei Rangern des Nationalparks kommt uns entgegen. »Goverdarci?« – »Kein Problem, rechts und dann immer geradeaus.« Die Spur wird schwieriger: Matsch, Äste, Steine, Rinnen, Absätze, nicht gerade das Traumterrain für eine voll beladene Yamaha Ténéré mit für dieses Terrain ungeeigneten Reifen. Nicht mehr lustig, gar nicht mehr. Wir rutschen und baggern weiter und werden belohnt, erreichen ein Hochplateau, ausgelegt mit gelbem Gras und gesegnet mit einer tollen Sicht zu den mächtigen weißen Rila-Bergen, dem höchsten Gebirge des Balkans. Einsam und grandios.

Mit Geleitschutz nach Goverdarci

Unsere Piste vervierfacht sich, endet dreimal als Sackgasse. Plötzlich hören wir Einzylinder-Wummern. Eine Fata Morgana? Mitnichten, zwei einheimische Enduristen stürmen mit WR 450 und EXC 525 die Hochfläche, halten erstaunt an. Gegen ihre potenten Geländeflitzer sehen unsere voll bepackten Enduros aus wie ein Umzugsunternehmen. »Goverdarci?« – »Kein Problem, folgt uns.« Damit fangen die Probleme erst an. Spuren im Gras, ein Stück Piste durch einen verschlammten Hohlweg, dann eine schmierige steile Abfahrt, für uns der Point of no return. Also weiter, was sonst? Es wird immer hefti-

Keine Angst, diese uralte Brücke gehört nicht zum offiziellen Straßennetz. Trotzdem kann sie befahren werden, sofern man sich traut (links). Die Ortsdurchfahrt von Dolen gefällt durch ihren morbiden Charme (unten).

ger, steil, verspurt, tiefste Rillen, wo beide Alukisten Furchen in die Seitenwände schraddeln, die Reifen ringen meist vergeblich um Haftung. Wir schwitzen, fluchen, zweifeln und hoffen auf einen vernünftigen Waldweg. Endlich, nach einer gefühlten Ewigkeit, plumpsen wir über eine letzte Steilabfahrt direkt auf eine real existierende Piste. Geschafft! Tief durchatmen und den beiden Kollegen ehrlich danken, die vielsagend grinsen, umdrehen und leichtfüßig den Steilhang wieder hoch bollern.

Goverdarci? Ach ja, es sind nur noch ein paar entspannte Kilometer zum Luxus eines 25-Euro-Hotels, wo wir trotz unseres zweifelhaften Erdferkel-Aussehens freundlich empfangen werden. Es gibt sogar einen Wasserschlauch mit kräftigem Strahl. Ruckzuck sind die Motorräder und wir vom gröbsten Dreck befreit, das Abenteuer Schmutz von gestern.

Die Sonne wirft uns zeitig aus den Betten. Wir umrunden das Rila-Gebirge, schnuppern im Tal der Struma sommerliche 26 Grad und klettern dann wieder in die Berge zum Rila-Kloster. Von außen unscheinbar, abweisend und trutzig, öffnet sich nach dem bunt bemalten Eingangstor eine andere Welt, ein anderes Zeitalter. Unsere Kinnladen klappen vor Staunen runter. Was für eine mystische und stille Atmosphäre.

Das Rila-Kloster

Dem Rila-Kloster erging es nicht anders als vielen historischen Bauten. Es entstand schon im zehnten Jahrhundert, wurde peu à peu erweitert, von den Osmanen übernommen und im 15. Jahrhundert erst geplündert und dann zerstört. Aber der ruinöse Zustand hielt nicht lange, schon gegen Ende des selben Jahrhunderts begann der Wiederaufbau der Ruine. Der hielt immerhin bis 1832, dann legte ein Feuer das Kloster in Schutt und Asche. Wieder wurde aufgebaut, diesmal fast vollständig neu in den Zustand, den wir heute erleben dürfen.

Im Zentrum des mit dreistöckigen Arkaden umstandenen großen Innenhofs steht die schwarz-weiß-rot quer gestreifte Klosterkirche mit fünf bunten Türmen, verziert mit meisterhaften Schnitzereien, Fresken und Malereien. Ein schwarz gekleideter vollbärtiger Mönch verlässt die Kirche, scheint über das Pflaster zu schweben. Hätte er nicht sein Handy am Ohr, das Bild könnte Jahrhunderte alt sein. Schön, dass manche Bilder sich im Laufe der Zeit kaum ändern. Das Rila-Kloster sieht noch immer so aus wie auf dem Foto in der alten Motorradzeitschrift: verlockend, märchenhaft, geheimnisvoll.

Die kyrillischen Straßenschilder stellen uns nicht selten vor Orientierungsprobleme (links). Dafür finden wir abends einsame Übernachtungsplätze (oben).

REISEINFOS

ALLGEMEINES

Bulgarien zählt nicht gerade zu den Top-Destinationen für Motorradfahrer. Warum eigentlich? Wer Berge, Einsamkeit und ursprüngliches Leben mag oder Neugier auf neue Horizonte hat, der findet all dies im Südwesten des kleinen Landes.

ANREISE

Von Köln bis zum Rila-Kloster kommen 2000 Kilometer zusammen. Der direkte Süd-ost-Kurs geht über Frankfurt, Nürnberg, Graz, Zagreb, Belgrad und Sofia. Stressfreier und bequemer ist es, einen Teil der Strecke mit dem Autozug der ÖBB zurückzulegen, der von Hamburg bis Wien fährt.

REISEZEIT

In den Bergen des Balkans sind die Winter lang und hart. Erst im Mai kommt der Frühling und die Bergstraßen werden geräumt. Im Hochsommer kann es im Landesinneren 35 bis 40 Grad heiß werden. Die besten Reisemonate sind daher Mai und Juni sowie September und Oktober.

TOUR-CHECK

Länge: 750 km
Schwierigkeit: Mittelschwer
Streckenbeschaffenheit: Neben Asphaltstraßen in jedem erdenklichen Zustand gibt es unzählige Pisten, die zumeist legal zu befahren sind.
Besonderheiten: Die Orientierung ist dank der oftmals kyrillischen Schilder bisweilen nicht einfach.

ÜBERNACHTUNGEN

Allgemeine Infos und Unterkünfte unter www.bulgariatravel.org, www.bulgarien.info, www.bulgarien-web.de, www.rastlos.com/bulgarien und www.reiselandbulgarien.de

KARTEN

Karte »Bulgarien« im Maßstab 1:400 000, Reise Know-How Verlag, ISBN 978-3-8317-7307-7 oder Karte »Bulgarien« im Maßstab 1:400 000, Freytag & Berndt, ISBN 978-3-7079-0322-5

Von Karlobag geht es hoch zum Ostaviska-Vrara-Pass. Unterwegs gibt es diese Aussicht übers Meer zur kargen Insel Pag.

KROATIEN

Inselreich

Nur wenige Länder sind so reich an Inseln wie Kroatien. 1185 gibt es, gerade einmal 67 sind bewohnt. Das verspricht wunderbares Motorradwandern zwischen Fähren, Stränden, Bergen und mediterraner Atmosphäre.

Der erste Eindruck eines Landes ist oftmals prägend. Als mich an diesem Maimorgen früh um halb sieben die Fähre von Bari in Dubrovnik an Land lässt, fügt sich alles optimal zusammen. Warmes und weiches Morgenlicht flutet den Kai, subtropisch warme Luft umschmeichelt mich und der Grenzpolizist winkt mich lächelnd durch. Ein Geldautomat spuckt ohne Zicken frische Kuna aus, von denen ich die ersten Scheine sogleich in einem Café in knusprige Croissants und leckeren Cappuccino investiere. Die Aussicht auf die historische Altstadt von Dubrovnik macht sprachlos: Hinter den massiven Mauern, bis zu sechs Meter dick und 30 Meter hoch, versteckt sich ein Ensemble bestens restaurierter alter Häuser.

Im Mittelalter eiferte Ragusa, so der damalige Name der Stadt, mit Venedig um die größte Seemacht im Mittelmeer. Der Prunk der fetten Jahre ist noch heute zu erkennen: mit Marmor gepflasterte Gassen, wunderschöne Paläste, Adelshäuser und Kirchen, ein aufregendes Freiluftmuseum für Architektur und Kultur. Heute sorgen Touristen für den Reichtum der Stadt, schlendern durch sündhaft teure Boutiquen und Kunstläden, bevölkern Eiscafés und Restaurants. Das quirlige Leben könnte italienischer kaum sein.

Abstecher nach Bosnien-Herzegowina

Anderntags gebe ich mir das komplette Kontrastprogramm, wage einen Abstecher ins nahe Bosnien-Herzegowina. Der Grenzer versteht mich nicht, ich ihn genauso wenig. Er scheint etwas ratlos, bis ich ihm meinen Pass gebe, er den Stempel reindrückt und mir emotionslos zunickt. Also fahren. Das Land und der Himmel scheinen zur Mimik des Grenzers zu passen: grau, konturlos, unspannend. Die erste größere Stadt – Trebinje – macht mich zum Analphabeten, alle Schilder sind kyrillisch. Ich fahre der Nase nach und finde tatsächlich den richtigen Ausgang, die M20 nach Norden. Die Berge werden höher, der Himmel heller und die Büsche grüner. Schon sieht alles viel freundlicher aus. Anders als in Kroatien findet der Tourismus hier nicht statt. Keine Hotels, keine Hinweise auf Sehenswürdigkeiten, die Adriastrände sind weit.

Über Nebenstraßen rolle ich westwärts, ich komme durch kleine Orte zwischen karstigen 1000-Meter-Bergen und erreiche schließlich Stolac. Eigentlich ein netter Ort mit einer Burg, einer Kirche, zwei Moscheen und Straßencafés, in denen ausschließlich Männer hocken. Aber noch immer stehen hier zer-

Die Altstadt erhebt Dubrovnik zweifellos zu den schönsten Städten Europas (links). Eine spannende Piste klettert hinauf ins Velebit-Gebirge zum Mali-Alan-Pass (rechts).

schossene und ausgebrannte Häuser und ein viel zu großer Friedhof mit neuen Grabsteinen. Erstmals bekommt der Balkankrieg ein Gesicht, der Kloß im Bauch schwillt.

Die Jadranska Magistrale

So bin ich froh, als ich abends wieder in Kroatien bin und die Insel Pelješac anpeile. Die Straße kurvt durch üppig grüne Berge, die Hänge sind dicht mit Steineichenwäldern und Weinstöcken bewachsen. Hier gedeiht der berühmte schwere Rotwein Dingač, aber auch der nicht ganz so exklusive Plavač, von dem ich mir abends im Restaurant von Podgorje ein wenig gönne. Die Speisekarte verrät dazu in holprigem Deutsch: »Plavač Badel, genießbar, sehr zugänglich, gemäßigter Abgang.«

Per Fähre geht's zurück aufs Festland nach Ploče, wo ich auf die Jadranska Magistrale treffe, jene für ihre Schönheit berühmte Küstenstraße, die sich von Rijeka 600 Kilometer weit bis Dubrovnik schlängelt. Aber noch hält sich die Schönheit in Grenzen, die Sicht übers glasklare Meer ist zwar nicht schlecht, aber die hohen Berge der Dalmatischen Alpen hüllen sich in fette Wolken. Zudem nerven unzählige Wohnmobile und Lkws, die flüssiges Fahren vereiteln. Und dann gibt es noch diese absurden Tempolimits. Vor jeder Kurve, egal wie weit der Radius auch sein mag, bremsen mich 50er- oder 60er-Schilder ein.

Die Plitwicer Seen

Im Landesinneren ist das anders, auf dem Weg zum Nationalpark Plitwicer Seen nahe der bosnischen Grenze lässt der Verkehr deutlich nach, ebenso die Speedlimits. Und das Land wird grüner, eine überraschende Weite mit alten Buchenwäldern, ein paar kleinen Orten und am Horizont hohe Gebirgszüge. Außer mir ist kaum jemand unterwegs. Tempo 90 und genießen. Das Kapital Kroatiens ist die Adria, ins Landesinnere verirrt sich kaum ein Tourist.

Außer zu den Plitwicer Seen, ein einzigartiges Gesamtkunstwerk der Natur, UNESCO-Welterbe und touristischer Hotspot. Seit Jahrtausenden knabbern sich unzählige Bäche, Flüsse und Kaskaden durch den weißen Kalkstein, haben 16 Seen geschaffen, eine fast subtropisch dichte Vegetation und Wasserfälle von winzig bis 36 Meter Höhe, mal schmal, breit, wuchtig, verspielt, donnernd, glucksend, rauschend oder murmelnd.

Den ganzen Tag laufe ich über hölzerne Stege und schmale Waldwege, kann mich kaum sattsehen an der wundervollen Wasserwelt, in der schon Winnetou und Old Shatterhand den Schatz im Silbersee gesucht haben.

Entlang der Adria

Für den Rückweg zum Mittelmeer suche ich mir die kleinsten Straßen aus der Landkarte. Manch eine mutiert ganz von selbst zur steinigen Piste. Disteln, Mohn und Ginster schwingen im warmen Wind. In kleinen Orten wie Donji Lapac, Udbina oder Barlete finde ich nette Cafés, wo garantiert niemand Englisch oder Deutsch spricht. Ab und an treffe ich aber auch auf Spuren des absurden Balkankriegs, den ich schon damals nicht verstanden habe und der so gar nicht in diese friedliche Landschaft zu passen scheint. Krieg ist überall ein Fremdkörper. Serben schossen auf Kroaten, bosnische Muslime auf christliche Kroaten, serbische Kroaten auf kroatische Serben und serbische Serben warfen Bomben auf kroatische Städte. Im jugoslawischen Vielvölkerstaat kämpfte anscheinend jeder gegen jeden. Selbst Nachbarn gingen aufeinander los, nur weil sie unterschiedlichen Volksgruppen angehörten. Es war der furchtbarste Krieg, den Europa nach 1945 erlebt hat.

»Die Straße kurvt durch üppig grüne Berge, die Hänge sind dicht mit Steineichenwäldern und Weinstöcken bewachsen.«

Vor mir tauchen die hohen Berge des Velebit auf, reißen mich aus der düsteren Stimmung. Die Straße klettert hinauf zum 938 Meter hohen Pass Ostarijska Vrata. Die Aussicht berauscht. Weit unten glitzert das blaugraue Meer, in dem die unwirkliche Insel Pag schwimmt. Karge sandfarbene Hügel ohne jegliche Vegetation schaffen die Illusion riesiger Dünen. Die Straße seilt sich ab zur Adria, wo ich wieder auf die Jadranska Magistrale treffe. Zwischen Karlobag und Starigrad trumpft die Straße endlich groß auf. 70 wunderbare Kilometer, Kurven ohne Ende, bester Asphalt, so schön kann Motorradfahren

Der kleine Ort Jablanac ist der Fährhafen hinüber zur Insel Rab (links). Erst spät abends kehrt wieder Ruhe in den beschaulichen Gassen von Dubrovnik ein (rechts). Malerische Landschaft auf der Insel Peljesac (unten).

Das Velebit-Gebirge war Drehort zahlreichen Karl-May-Filme. Ebenso spannend ist die Piste hinauf zum Mali-Alan-Pass.

sein. Rechts das Meer, links die steilen Velebit-Berge, bis zu 1757 Meter hoch. Doch der Höhepunkt folgt noch. Hinter Obrovač windet sich eine grob geschotterte Spur hinauf zum Mali-Alan-Pass, offenbart Postkartenblicke aufs Meer und die hellen bizarren Berge des Velebit, die bisweilen wie die Miniausgabe der Dolomiten aussehen.

Insel-Hopping

Die Piste zum Mali Alan ist nur eine unter vielen im Velebit. Hier kann man tagelang Staub schlucken. Bis der Drang nach mehr dem Drang nach Meer weicht. Ab nach Pag! Selbst aus der Nähe betrachtet, wirkt die Insel Pag mit ihren hellen kahlen Hügeln merkwürdig, erinnert eher an arabische Steinwüsten als an die regenreiche Adria. Sogar die Temperatur macht auf Arabisch, steigt deutlich über 30 Grad. In der Goretex-Jacke nimmt das Klima tropische Züge an, es wird heiß und sehr feucht. Aber dem kann abgeholfen werden. Ich entere die Fähre nach Karlobag und verdrücke mich nochmals in die kühlen Wälder des Velebit, navigiere kreuz und quer über kleine und fast verkehrsfreie Wege Richtung Norden und flitze erst abends wieder hinunter zum Meer. So schön und abwechslungsreich können Motorradtage in Kroatien sein.

Weiter geht's mit Insel-Hopping. Von Pag nach Krk und dann mit der nächsten Fähre nach Cres. Nach dem spektakulären Velebit kann mich die Insel Cres nur begrenzt begeistern. Immerhin ist die Landschaft hier viel abwechslungsreicher als auf Krk. Weites Buschland, viele Felder, von uralten Steinmauern abgegrenzt, ein stiller See, süßlich duftender Ginster und urlaubsverdächtige Buchten am Meer.

Den farblichen Overkill erlebe ich am nächsten Morgen, als mich die Fähre von Cres hinüber nach Istrien bringt und ich Opatija erreiche. Die Stadt an der nördlichen Kvarner Bucht wird auch als das »Nizza von Kroatien« bezeichnet. Pompöse Hotels, extravagante Villen und abgedrehte Paläste zeugen von deren Blütezeit als elitäres k.u.k.-Seebad. Zurückhaltung kennen die noblen Gebäude nicht, sie sind oft in so knalligen Bonbonfarben gestrichen, dass ich unter dem Helm lauthals lachen muss. Was für ein Unterschied zum strengen Dubrovnik! Opatija ist der perfekte Abschluss meiner spannenden und abwechslungsreichen Reise durch Kroatien. Der erste Eindruck in Dubrovnik hat also nicht zu viel versprochen.

REISEINFOS

ALLGEMEINES
Tolle Motorradstrecken locken, im Hinterland gerne auch als Pisten, dazu die malerische Mittelmeerküste mit ihren 1185 Inseln und geschichtsträchtige Städte wie Dubrovnik.

ANREISE
Von Köln bis Rijeka sind es etwa 1100 Kilometer, bis Dubrovnik 1700. Die schnellste Strecke führt über München, Salzburg, Villach und Ljubljana.

REISEZEIT
Entlang der Adria ist das ganze Jahr Motorradsaison, wobei die Wintermonate regenreich, die Sommer dagegen oftmals sehr trocken sind. In den Bergen beginnt der Frühling im April, einzelne hoch gelegene Strecken können bis in den Mai hinein gesperrt sein. Ideale Reisezeiten sind Mai und Juni sowie September und Oktober.

TOUR-CHECK
Länge: 1650 km
Schwierigkeit: Mittel
Streckenbeschaffenheit: Asphalt und Schotter
Besonderheiten: Teilweise absurde Tempolimits

ÜBERNACHTUNGEN
Entlang der Küste und auf den Inseln reicht das Angebot vom einfachen Campingplatz bis zum elitären Fünf-Sterne-Resort. Im Hinterland ist das Angebot deutlich dünner. Weitere Infos unter www.kroati.de, www.reise-kroatien.eu, http://croatia.hr und www.lust-auf-kroatien.de

KARTEN
»Kroatien Nord und Kroatien Süd« im Maßstab 1:200000, Freytag & Berndt, ISBN 978-3-7079-1687-4

32 Serpentinen auf einer schmalen Straße sind der Traum zahlreicher Motorradfahrer. Der Ausblick auf die Bucht von Kotor macht sprachlos.

MONTENEGRO

Land der schwarzen Berge

Unwirkliche Flusslandschaften, markante Hochgebirge und geniale Touren zwischen Bergen und Meer – Montenegro ist ein Traum für Motorradfahrer, die gerne auch mal per pedes oder im Raftingboot unterwegs sind.

Mitte Mai fahren wir über Bosnien nach Montenegro. Als Erstes zur Küste, einfach aus wettertechnischen Gründen, denn für die Tour in Gebirgsregionen ist es noch ein wenig früh. Endlich taucht die Bucht von Kotor vor oder besser gesagt unter uns auf. Hier beginnt ein atemberaubender Serpentinenabstieg zur Boka Kotorska, der sich in langen Schwüngen hinunter bis auf Meereshöhe senkt.

Kotor ist die bekannteste Stadt in der nach ihr benannten Meeresbucht, die sich 30 Kilometer weit ins Land hineinzieht. In Altstadtnähe ergattern wir ein Zimmer. Direkt hinter den Dächern der »Stari grad«, der Altstadt, erheben sich steil die Felsen des Orjen-Gebirges und auf ihnen klettert die Festung Sveti Iwan in schwindelige Höhen. Wir sind fest entschlossen, uns nach 1450 Stufen und 260 Höhenmetern die Bucht von oben anzuschauen.

Auf der Leiter von Cattaro

Die berühmten 32 Serpentinen Richtung Njeguši über den gut 1000 Meter hohen Krstac sind unser nächstes Ziel. Ob der gleichnamige Berg namensgebend für die Rebsorte Krstac war? So heißt jedenfalls auch der montenegrinische Weißwein, den wir im Laufe der Tour lieben lernen. Bis Ende des 19. Jahrhunderts bildete die sogenannte »Leiter von Cattaro« den einzigen Zugang ins Landesinnere. Heute natürlich asphaltiert, ist die berühmte Serpentinenstraße gerade so breit, dass zwei Autos mit viel Gefühl aneinander vorbei kommen. Meist wird sie als einspurig beschrieben. Ein einziges Wohnmobil mit niederländischem Kennzeichen begegnet uns – wir sind uns sicher, ganz viele Schweißperlen auf der Stirn des älteren Fahrers gesehen zu haben.

Nach einem Abstecher beim Mausoleum des Fürstbischofs Petar II. auf dem mit 1655 Metern zweithöchsten Gipfel des Lovćen-Nationalparks cruisen wir noch ein wenig durch das Gebirge mit blendend weißen, zerklüfteten Felsen, die eng aufgeschichtet eine unwirkliche Kulisse bilden.

Lustig auf der Luštica-Halbinsel

Am vergangenen Abend sind unsere Freunde Britta und Klaus zu uns gestoßen. Während unserer ersten Tagestour im Viererpack genehmigen wir uns als Appetizer einige Kilometer auf

Die Altstadt von Kotor wurde von einem Gewitterguss reingewaschen: vom Staub des Tages sowie von den letzten Tagesgästen (links). Die Altstadtgasse von Stari Bar wird von einigen urigen Lokalen flankiert. Wer traditionelle Gerichte kennenlernen möchte, wird hier fündig (rechts).

der Küstenstraße. Die 200 Meter breite Meerenge zwischen Kamenari und Lepetane, die sogenannte Verige-Straße, wird mit einer Fährverbindung überbrückt. Schwupps, schippern wir auch schon hinüber auf die andere Seite.

Himmlische Ruhe auf der bergigen Luštica-Halbinsel. Nur Vogelgezwitscher und das Gebrummel unserer Motorräder. Nicht immer ging es so friedvoll zu. Bis in die 1990er-Jahre war das hier militärisches Sperrgebiet. Im Zweiten Weltkrieg errichtete die jugoslawische Armee einen U-Boot-Hafen, den wir jetzt besuchen. Eine Piste führt hinunter zur Wasserkante. Ein wenig »lost place« ist immer willkommen. Wären wir nur zu zweit gewesen, hätten wir die Abfahrt über eine großteils zerstörte Betonpiste jedoch nicht gewagt.

Bar, das Bari gegenüberliegt

Nachdem uns die Freunde am nächsten Tag wieder in Richtung Heimat verlassen haben, geht es auch für uns weiter die Küste entlang Richtung Südosten. In der Stadt Bar biegen wir in Richtung Berge ab und erreichen nach vier Kilometern das historische Stari Bar. Es ist Freitag, somit steht eines der wichtigsten Gebete der Woche an – etwa 20 Prozent der Montenegriner sind muslimisch –, bald wird der Muezzin aus der nahen Moschee zum Gebet rufen. Für unser Motorrad finden wir ein Plätzchen vor dem Café Club 058, genießen bei türkischem Kaffee die Szenerie und peilen erst einmal die Lage, bevor wir uns auf Zimmersuche begeben.

Eine Altstadtgasse senkt sich von hier aus steil den Berg hinunter. Am Abend lassen wir uns in einer der urigen Konobas in der Altstadtgasse kulinarisch verwöhnen. Traditionelle Gerichte, mit viel Liebe zubereitet, dazu ein Glas Wein, und das alles in einem Ambiente, das man wohl »Ethno-Industrie-Style« nennen würde. Schon allein wegen der kulinarischen Genüsse lohnt sich die Anfahrt!

P16 – diese Nummer sollte man sich merken!

Am nächsten Morgen sind wir erstaunt. Nicht einmal der Muezzin konnte uns aus Morpheus Armen locken. Bei Ulcinj biegen wir zur sogenannten Klosterroute ab, die am Skadarsee entlangführt. Die Straßenbauer, die diese Strecke in den Fels meißelten, hatten kühne Visionen. Die Straße schwebt in der

Regel 300 Meter über dem türkisfarbenen Wasserspiegel. Namensgeber der Klosterroute sind neun Klöster auf winzigen Inselchen und den Berghängen.

Vom Nordende des Sees zieht es uns erst einmal in den kleinen Weiler Karuč. Zwölf Kilometer Luftlinie bis Karuč bedeuten in der mäandernden Flusslandschaft das Dreifache an unfassbar kurvigen Straßenkilometern. Mit den Bildern von diesen Kegelbergen inmitten der mit Pflanzen zugewachsenen Wasserfläche könnten wir unseren Freunden glatt vorgaukeln, wir befänden uns in Asien.

In Karuč offenbart sich eine geniale Aussicht. Vor uns liegt eine kleine Bucht mit einigen Häusern. Ein neugieriger Hund zeigt sich freudig über unsere Gesellschaft. Ansonsten ist keine Menschenseele zu sehen. Unser Zimmer in Godinje befindet sich in einem Haus inmitten von kleinen Weinbergen. Die Gastfamilie produziert Käse, Granatapfelsaft und eine Menge Honig. Von Rakija, dem Selbstgebrannten, stehen Dutzende Flaschen verschiedener Geschmacksrichtungen im Regal des Frühstücksraums und warten auf geneigte Verkoster. Unsere Gastfamilie keltert auch einen fantastischen roten Vranac. Der samtige, tief rotblau leuchtende Wein versüßt uns den Abend.

Es geht weiter, rauf ins Gebirge. Unsere Gastgeberin zaubert uns vor der Abfahrt das köstlichste Frühstück der Welt. Vor allem die Priganice küren wir zum neuen Lieblingsfrühstück. Die frittierten Hefegebäckboller machen satt, aber sowas von! Und süchtig. Bei jedem Teilchen sagt man: Das ist das letzte! Und zack, wird es zum vorletzten! Das gibt Kraft für den ganzen Tag. Popeye und Spinat waren gestern.

In den Tagen, an denen uns dicke Regenwolken vor sich her durch das Land treiben, gelangen wir unter anderem nach Kolašin zu Rade und Sandra, die uns mit fester und flüssiger Hausmannskost über das Sauwetter hinwegtrösten. Schließlich stehen wir im Durmitorgebirge. Žabljak liegt auf 1455 Metern und ist damit die höchstgelegene Stadt des Balkans. Die Stadt wird für die nächsten zwei Tage unsere Station sein – und die letzte auf unserer Tour, bevor wir uns wieder auf den Heimweg machen.

Tara – wild, schön und reißerisch

Die Tara-Brücke spannt sich beim kleinen Dörfchen Durdevica über die gleichnamige Schlucht und gilt als eines der High-

Eine Landschaft wie von einer anderen Welt sind die mäandernden Ausläufer des Skadarsees. Um von A nach B zu kommen, braucht es hier Zeit, viel Zeit (links). Das Dörfchen Karuč befindet sich weitab jedweder Alltagshektik. Einen herrlichen Kurvenwalzer tanzend, kann man hier die Ruhe genießen (rechts).

lights im Durmitor-Nationalpark. Der Fluss Tara hat sich hier einen bis zu 1600 Meter tiefen Canyon in die Berge gefräst. Wir stehen über der längsten und tiefsten Schlucht Europas. Die Straße P4 verlässt sich auf den Kurvenverlauf der Tara, wir wedeln genüsslich dahin. Die beeindruckende Strecke wurde mit zahlreichen Tunnels angelegt. Unten auf der Tara sehen wir immer wieder Raftingboote. Montenegro ist ein beliebtes Revier für Rafting und Canyoning.

Straße mit größtmöglichem Wow-Faktor

Am nächsten Morgen lacht die Sonne. Perfekt für unser Vorhaben Durmitor-Ring. Dies ist eine schmale Panoramastraße, die über eine Länge von knapp 80 Kilometern durch das Durmitorgebirge führt. Der gleichnamige Nationalpark kann sich mit einigen Superlativen schmücken: der tiefsten Schlucht Europas, den höchsten Gipfeln der Region und – das sagen jetzt wir – dem größtmöglichen Wow-Faktor.

Um die Mittagszeit erreichen wir Ranko und Stanica Mitrić, sie betreiben nahe des Weilers Nedajno in 1500 Metern Höhe ein kleines Guesthouse inmitten einer sanften Landschaft. Sanft ist es jedoch nur bis zur Abrisskante zum Sušica-Canyon, der sich teilweise nur wenige Meter neben der Straße wild in die Tiefe wirft.

Eine freundliche Schäferhündin inspiziert unser Motorrad, während wir uns auf der Terrasse niederlassen. So ziemlich alles, was hier auf den Tisch kommt, stammt aus eigener Herstellung und Zubereitung. Okay, Kaffee kann man hier nicht anbauen, aber zubereitet wird der Kaffee ganz traditionell: türkisch in kleinen Kännchen gekocht.

Zum »Sattel der Götter«

Wenig später taucht am Horizont der Berg Prutaš auf. Seine senkrecht verlaufenden Rinnen machen ihn absolut unverwechselbar. Die Straße zieht in respektvollem Abstand an ihm vorbei. Links und rechts der Straße ist der Schnee – jetzt, Anfang Juni – immer noch nicht weggetaut. Direkt neben den Schneefeldern beginnt gerade erst der Frühling: Lila Krokusse spitzeln zu Hunderten aus dem Boden.

Schließlich stellt sich uns in der Ferne der Doppelgipfel Sedlena Greda in den Weg, ein untrügliches Zeichen, dass der

Sedlo-Pass immer näher rückt. Wow, dort haut es uns glatt aus den Latschen! Es bläst eine steife Brise durch den Einschnitt, den man für die Straße in den Fels geschlagen hat. Der Blick bleibt an einem markanten Felskegel hängen, der so heißt, wie er aussieht. »Stožina« bedeutet übersetzt Heuhaufen. Der »Sattel der Götter« ist von saftigen Almen umgeben, die in den kurzen Sommermonaten beweidet werden. Überall Schafherden und Hirten auf denWeiden, begleitet von großen Hunden. Gelegentlich sieht man einfache Schutzhütten für die Hirten und krumme Staketenzäune, mit denen die Schafe nachts eingepfercht werden. Erst hier auf dem Sedlo-Pass sehen wir wieder andere Motorradfahrer, zuvor waren wir vollkommen allein unterwegs. Nach einigen weiteren Kilometern schließt sich der Kreis, wir erreichen wieder Žabljak.

Dunkle Felstunnel, soweit das Auge reicht

Am nächsten Morgen brechen wir wieder Richtung Heimat auf. Dass dabei noch einmal der Sedlo-Pass bezwungen werden muss, stimmt uns absolut nicht traurig. Die Piva-Schlucht ist ein weiteres Highlight im Norden Montenegros. Die M18 hat sich an der auf 33 Kilometern gestauten Piva angedockt, pendelt schwungvoll durch die Felsen des Pivska-Gebirges und verschwindet Dutzende Male in Naturtunnels.

»Der Sedlo-Pass, auch ›Sattel der Götter‹ genannt, ist von saftigen Almen umgeben, die in den kurzen Sommermonaten beweidet werden.«

Die Röhren sind grob aus dem Fels gehauen und nicht beleuchtet. Da fährt man aus der Sonne, mit Sonnenbrille ausgerüstet, in ein sehr schwarzes Loch. Die allermeisten Tunnel sind jedoch kurz genug, dass das Tageslicht am Ende schon beim Einfahren zu sehen ist. Auch das Ende unserer Tour ist nah, nur wenige Kilometer nach dieser grandiosen Schlucht verlassen wir das Land.

Die Ikone der montenegrinischen Küste ist die Insel Sveti Stefan (links). Die im Zweiten Weltkrieg errichtete U-Boot-Station »Rose« auf der Luštica-Halbinsel erreicht man mit dem Motorrad (nichts für Anfänger und Fahrzeuge ohne ausreichende Bodenfreiheit, oben).

REISEINFOS

ALLGEMEINES

Montenegro ist ein sehr gebirgiges Land. Die Hälfte der Fläche liegt mehr als 1000 Meter über dem Meeresspiegel. Strandbesuch und kurz danach hochalpine Motorradtouren – in Montenegro bedeutet das keine Anstrengung! Mehr Infos unter www.bikerdream.de

ANREISE

Wer aus dem Süden Deutschlands nach Montenegro fährt, der hat nach diesem Ritt jeweils rund 1200 bis 1300 Kilometer mehr auf dem Tacho. Unsere Anreise von Augsburg verlief über Graz – Maribor – Zagreb. Die Alternativroute führt die Küste von Kroatien hinunter, was landschaftlich reizvoller, aber auch langwieriger ist.

REISEZEIT

Mai bis Oktober. Wir waren im Mai bei angenehmen Temperaturen unterwegs. Man empfahl uns angesichts des wechselhaften Wetters mehrfach, lieber im September oder Oktober wiederzukommen, denn da herrsche in der Regel trockenes Wetter. Jahreszeitbedingt herrschen im Durmitor im Mai oft noch einstellige Temperaturen.

TOUR-CHECK

Länge: 1000 km
Schwierigkeit: Mittel
Streckenbeschaffenheit: Überwiegend asphaltiert
Besonderheiten: Der Durmitor-Ring, eine 80 Kilometer lange Panoramastraße, ist nur wenige Monate im Jahr befahrbar. Hier ist streckenweise mit verunreinigter Fahrbahn durch Steinschlag zu rechnen.

ÜBERNACHTUNGEN

Tianis Apartments in Kotor (www.tianis.net), Kula Boutique Hotel in Stari Bar (kulastaribar.me), Guesthouse Sandra in Kolašin (nur über Buchungsplattformen wie www.booking.com zu finden, aber unbedingt zu empfehlen)

KARTE

Landkarte »Montenegro«, Maßstab 1:160 000, Reise Know-How Verlag, ISBN 978-3-8317-7430-2

ALBANIEN

Die andere Riviera

Nachdem wir mit der Riviera meist eine italienische Küste verbinden und Wikipedia weltweit neunzehn verschiedene Rivieras auflistet, scheint es nicht tragisch, die albanische Riviera nicht auf Anhieb zu kennen. Oder doch?

Eine Ponton-Fähre überbrückt den Vivarikanal, der eine große Salzwasserlagune mit dem albanischen Festland verbindet.

»Die Straße klebt wie eine kilometerlange Spaghetti an den Küstenfelsen.«

Albanien besteht großteils aus Bergen. Halbkreisförmig ragen im Norden, Osten und Süden steile Gebirge auf, die sich im albanischen Epirus in das adriatische Meer stürzen. Bei der Anfahrt zur albanischen Riviera hängen wir in einem ausnahmsweise willkommenen Stau fest: In der Stadt Roskovec findet der sonntägliche Markt statt, dafür wird die halbe Stadt gesperrt. Da liegen Gänse vor ihren Besitzern am Straßenrand und gegenüber werden andere Waren feilgeboten: Schuhe zum Beispiel, schön ordentlich auf dem Boden aufgereiht. Möbel, Sofas, Stühle, Schränke – der Straßenrand wird zur staubigen Verkaufsfläche. Für das leibliche Wohl ist auch gesorgt: Auf einem Grill brutzeln Şiş Kebap, die typischen Grillspieße.

Vor Radhime springen Delfine durch das Meer und auf der Uferstraße lassen sportliche Fahrer ihren hochpotenten Autos freien Lauf. Ausnahmsweise sind es mal keine Mercedes, die sich bei den albanischen Autobesitzern größter Beliebtheit erfreuen. Wir schlendern zweirädrig motorisiert über die Küstenstraße. Linker Hand trennt die eindrucksvolle Bergwelt des Ceraunischen Gebirges die Küste unüberwindlich vom Landesinneren. Unüberwindlich deshalb, weil man in diesem Landstrich nur zweimal, bei Vlorë und bei Qeparo, im Abstand von rund 90 Kilometern, ins Landesinnere überwechseln kann.

Ein Bilderbuch-Pass

Bald darauf stehen wir am Qafa e Llogorase, zu Deutsch: Llogara-Pass – er ist der bekannteste Bergpass in Albanien. Der Blick 1000 Meter hinab auf das türkisblaue Ionische Meer ist wahrhaft atemberaubend: ein Meeressaum, wie er kaum perfekter sein könnte. Die Straße ist für albanische Verhältnisse richtig gut und klebt wie eine kilometerlange Spaghetti an den Küstenfelsen. Pause an der Passhöhe. Ein Esel beäugt misstrauisch, aber auch neugierig die zwei Neuankömmlinge auf dem Motorrad, die sich an den Weitblicken laben.

Im Juni bereiten sich die Küstenorte auf den Ansturm vor (links). An jeder Ecke findet man »Lavazh«, das sind einfachste Waschanlagen – meist bestehen sie nur aus einem betonierten Platz mit Wasserschlauch. Auch die Reifenflicker (»Gomisteri«) sind äußerst geschickt (rechts).

Und schon geht's wieder weiter. Von der Küstenstraße biegen wir in eine drei Kilometer breite Bucht ab, in der der Badeort Himara liegt. Viel ist jetzt im Juni noch nicht los. Vorsaison eben. Überall wird gebaut, gestrichen, gezimmert und aufgeräumt. Man bereitet sich auf die nur acht Wochen währende Hochsaison vor.

Der Strand ist durch drei Felsen in mehrere Abschnitte aufgeteilt. An einem dieser Felsen lehnen zwei kleine, runde Bunker. Einer wurde fröhlich rot-weiß getupft wie ein Fliegenpilz. Man muss eben das Beste draus machen.

Enver Hoxha, paranoider Diktator bis 1985, meinte, das Land vor potenziellen Angreifern schützen zu müssen – er verschandelte sein Land mit 600 000 Bunkern. Um die 100 000 sollen jedoch schon abgetragen worden sein. Einige wurden praktischerweise in Ställe, einen Geräteschuppen oder Hirtenunterstände umfunktioniert.

Kaffee auf dem Balkon der Meeresküste

Nur einen Kilometer von Himara entfernt biegen wir in die Straße nach Pilur ein. An der einzigen Bar des Bergdorfs sitzen einige Hirten mit den typischen Hirtenstöcken und schlürfen ihren Kaffee. Wir gesellen uns dazu. Ein Junge von vielleicht zwölf Jahren wird vorgeschickt, weil er Englisch in der Schule lernt. Während wir zwei Tassen Kaffee trinken, unterhalten wir uns pantomimisch mit den anwesenden Hirten. Sie sind sehr erfreut darüber, dass wir ihrem Dorf eine derartige Wertschätzung entgegenbringen.

Das Steinmäuerchen, das rund um den Dorf-Rrapi, eine Platane, mit kleinen Steintischen kombiniert wurde, dient uns als Sitzplatz. Unter dem Schatten der Dorfplatane kann man es bei den warmen Temperaturen gut aushalten. Nur wenige Meter entfernt fällt der Fels 800 Meter tief ab. Wie hypnotisiert können wir kaum den Blick abwenden. Nicht umsonst nennt man dieses Fleckchen Erde »Balkoni i bregdetit«, den »Balkon der Meeresküste«.

Nur wenige Kilometer von Himara entfernt, erwartet uns am nächsten Tag die Festung Porto Palermo nach absolut gigantischem Kurvengeschlängel auf dem perfekten Teerband der Küstenstraße. Die Bastion war zu Enver Hoxhas Zeiten ein geheimer Marinestützpunkt und die ganze Gegend als militärisches Sperrgebiet abgeriegelt. In kommunistischen Zeiten

musste jeder, der von Himara nach Sarandë wollte, die Bergstrecke über Pilur benutzen. Erst 1997 wurde die Straße an der Küste wieder frei befahrbar.

Oberhalb des Hafens und jenseits der Straße überwuchern riesige Agaven mit ihren meterhohen Blütenständen die Hänge. Die große, dunkle Röhre des U-Boot-Hafens ist noch vorhanden, nur wird sie heute von zivilen Booten benutzt. Mit dem Motorrad kann man bis hinunter auf die Mole fahren. Zwei Boote in zweifelhaftem Zustand dümpeln im Hafen. Ob damit noch jemand hinausschippert?

Auf dicken Planken über die Lagune

Bei Butrint, das seit dem Jahr 1992 zum UNESCO-Weltkulturerbe zählt, lassen wir uns mit der Ponton-Fähre über den Vivari-Kanal ziehen, der eine 1600 Hektar große Salzwasserlagune mit der Meerenge zwischen der Insel Korfu und dem albanischen Festland verbindet. Die dicken Planken der zusammengeschusterten Fähre – nur vier Autos oder ein Bus passen darauf – sind alt, die ganze Stellage wirkt provisorisch. Eine Seilwinde zieht das Schwimmgefährt von Ufer zu Ufer. Wir fragen nach dem Preis. Zwei Euro pro Motorrad. Das ist für albanische Verhältnisse ein göttliches Salär. Garantiert zahlt ein Einheimischer nur einen Bruchteil. Egal, mangels Sprachkenntnissen hat Diskutieren wenig Sinn.

Will man Butrint oder den Nachbarort Ksamil erreichen, ohne diese Fähre zu benutzen, muss man einen Umweg von mehr als 35 Kilometern akzeptieren – wegen einem nicht mal 100 Meter breiten Wasserarm. GPS-Geräte weigern sich standhaft, die wacklige Fähre in die offizielle Route einzubauen: Man muss bis zur Anlegestelle auf der einen Seite routen und am anderen Ufer eine zweite Tour beginnen – sonst funktioniert die Tourplanung nur »außen herum«.

Am Vivari-Kanal baden die Kühe brusthoch im Wasser. Man kann es ihnen nicht verdenken, denn die Quecksilbersäule klettert in Richtung 40-Grad-Marke. Die griechische Grenze ist nahe, dahinter wartet in Igoumenitsa die Fähre heimwärts. Wir trinken einen letzten Kaffee in einer Bar. Dann verabschieden wir uns – allerdings nur sehr ungern – von diesem Land, das uns so viel gegeben hat. Vor allem eine Einladung, nein, eigentlich eine Anweisung: Wir sollen unbedingt wiederkommen. Sehr gerne!

Auch wenn die Straße nach Pilur auf den ersten Metern einiges an fahrerischem Geschick benötigt, lohnt sich die Mühe (links). Manchmal muss man sich die Fahrbahn mit allerlei neugierigem Getier teilen (oben).

REISEINFOS

ALLGEMEINES

Albanien ist ein kleines Land, das seine Gäste mit großer Herzlichkeit und vor allem Gastfreundlichkeit empfängt. Seine Natur ist an manchen Orten noch sehr unberührt, vor allem, wenn man die Hauptwege verlässt.

ANREISE

Über Land entlang der Balkanküste oder den »Autoput« über Belgrad und den Kosovo. Zwischen Italien und Albanien verkehren Fähren nach Durrës und Vlora. Von Venedig und Ancona fahren Schiffe nach Igoumenitsa in Griechenland, bis zur südalbanischen Grenze sind es von dort nur 30 Kilometer.

REISEZEIT

Das Wetter an der adriatischen Küste ist mediterran mild. Die Sommer sind trocken und heiß (30–40 Grad). Mai/Juni und September/Oktober sind die besten Reisemonate, wobei im Juni die 30-Grad-Marke durchaus schon geknackt werden kann.

TOUR-CHECK

Länge: 125 km
Schwierigkeit: Leicht
Streckenbeschaffenheit: Asphaltiert, mit »albanischem« Charme
Besonderheiten: Albaner schütteln den Kopf, wenn sie etwas bejahen! Es gibt viele Offroad-Strecken, aber es werden ständig Straßen ausgebaut. Aktuelle Berichte unter www.albanien.ch > Forum > Albanien: Reisen > Aktuelle Straßenzustandsberichte

ÜBERNACHTUNGEN

Hotel Regina Blu in Radhimë (http://hotelregina.al), Hotel Vila Park Bujari in Ksamil (http://hotelvilaparkbujari.com). Ansonsten: Einfach losfahren – ein Bett findet sich immer. Campingplätze gibt es nur wenige, Wildcampen ist aber kein Problem.

KARTEN

Straßenkarte »Albanien« im Maßstab 1:150 000, Freytag & Berndt Verlag, ISBN 978-3-7079-1547-1, Straßenkarte »Albanien« im Maßstab 1:220 000, Reise Know-How Verlag, ISBN 978-3-8317-7433-3

Die Westküste der Insel Lefkás ist fantastisch schön: Steilküsten wechseln sich mit traumhaften Buchten ab.

GRIECHENLAND

Frühlings-erwachen

Traumstrände am Meer, lauschige Tavernen, historische Stätten und ewige Sonne – das ist Griechenland. Aber auch das: mächtige Berge mit meterhohem Schnee im Norden des Landes und eine überraschende Einsamkeit.

Endlich geht die Saison wieder los, die erste längere Reise soll nach Griechenland gehen. Und tatsächlich, als wir in Igoumenitsa von der Fähre rollen, blendet uns die Sonne bei samtigen 20 Grad, der fiese Winter im Rheinland ist subito vergessen. So muss das sein. Wir sortieren uns auf der alten Fernstraße 6 ein, schwingen in langen Kurven bergwärts. Ideale Bedingungen, um auch mental in Griechenland anzukommen. Wir lassen die Einzylinder laufen. Erstaunlich schnell kommt der flüssige Fahrstil zurück, der offenbar im Winter gar nicht so tief eingefroren war.

Zagoría und Pindós

Unser erstes Ziel ist Zagoría mit seinen 46 historischen Dörfern. Die Neuzeit scheint hier noch nicht angekommen zu sein, nur in Monodendri, dem Zagoría-Vorzeigeort, buhlen Restaurants und Andenkenläden um das Geld der Touristen. Hinter dem Ort windet sich eine prima Straße hoch zum Aussichtspunkt in die Vikos-Schlucht. Was für ein Blick! Die 800 Meter tiefe Schlucht unter uns degradiert andere berühmte Canyons zu netten Tälern. Unten rauscht ein wilder Bach durch den frühlingsfrischen Laubwald. Senkrechte hellbraune Wände streben himmelwärts bis zu den schneebedeckten Zweitausendern des Pindós-Gebirges.

»Pindós ist eine grandiose und einsame Hochgebirgslandschaft. Hier ist Einsamkeit Programm.«

Pindós ist garantiert nicht die Region, in der sich Griechenland-Klischees erfüllen. Dafür aber eine grandiose und einsame Hochgebirgslandschaft mit dem 2637 Meter hohen Smólikas als höchstem Gipfel. In den wilden Tälern des Gebirgsmassivs sollen noch Bären, Luchse und Wölfe leben. Hier ist Einsamkeit Programm. Volle zwei Stunden begegnet uns nicht ein einziges Auto. Wir klettern über namenlose Pässe, räubern durch dichte Schwarzkiefernwälder, kommen vorbei an winzigen Bergdörfern. Wir fragen uns: Das soll Griechenland sein? Einfach unglaublich!

In den kleinen Häfen am Ionischen Meer werden Griechenland-Klischees wahr, etwa in Vilho auf Lefkás (links). Das parkähnliche, weitläufige Gelände von Olympia – Ort der ersten antiken Olympischen Spiele – ist im Frühling keineswegs überlaufen (rechts).

Wir umrunden die Timfi-Berge, deren schroffe und unnahbare Nordseite es locker mit mancher Dolomitenwand aufnehmen kann. Der nächtliche Regen hat Steine und Schlamm über die Bergstraße gespült. Bald sehen unsere Enduros aus wie nach einer zünftigen Geländefahrt. Das Teerband seilt sich ab in die Schlucht des Aoos-Flusses, dessen nutellabraunes Wasser wild und laut durch das Tal rauscht. Auf der anderen Seite geht es fast 1000 Meter hoch nach Palioselí, einem kleinen Dorf vor dem Smólikas-Massiv. Vor dem Kafenion schieben zwei alte Männer Tavli-Steine über ihr Brettspiel. Sie schauen nur kurz auf, als wir die Motorräder parken. Der Wirt spricht ausschließlich Griechisch, serviert uns aber eine riesige Moussaka, den besten Auberginenauflauf der ganzen Reise.

Winterliche Temperaturen

Die Straße legt ab hier Ostkurs an, schraubt sich stetig bergwärts zum über 1800 Meter hohen Vasilitsa-Pass. Massive Schneewände engen die Spur ein, die Nordhänge sind noch tief verschneit. Monumentale Zedern trotzen seit Jahrhunderten dem rauen Klima. Skilifte und ein hässliches Skiressort zeugen davon, dass schneereiche Winter hier durchaus üblich sind. Das Thermometer zeigt jämmerliche vier Grad.

Wir zittern bergab, finden in Grevená ein nettes Café. »Wo soll's hingehen?«, fragt Angelos, der grauhaarige Chef des Cafés. Er freut sich über deutsche Gäste, erzählt von seinen zwölf Jahren in einer Messerfabrik in Solingen und dass er sich von dem Gesparten dieses Café gekauft hat. »Nach Meteora, und dann weiter zum Peleponnes.« »Seid ihr sicher? Vor der Westküste liegt ein fettes Tief. Aber im Osten ist's schön«, macht er uns Mut. Zwei Kaffees später zaubert Robert einen neuen, den meteorologischen Bedingungen angepassten Plan auf die Landkarte: Chalkidiki. Also Kurs Ost. 300 Kilometer Langeweile. Aber der Himmel wird immer heller, und als wir abends unsere Zelte auf einem kleinen Campingplatz an der Ostküste Sithonías aufbauen, scheint die Sonne.

Die orthodoxe Mönchsrepublik Áthos

Sithonía ist der mittlere Finger der Chalkidiki-Halbinsel, im Sommer ein Camperparadies, Anfang Mai fast touristenfrei. Wir bummeln entlang der Küste und finden tatsächlich die ty-

pischen Griechenland-Klischees: kleine Buchten mit glasklarem Wasser, sanfte Hänge mit Olivenbäumen und blühender Mohn. Das Landesinnere Sithonías ist dicht bewaldet, durchzogen von einem Netz staubiger Pisten. Im Dorf Sikia entdecken wir einen Weg, der sich hoch in die Berge windet und die vollen Federwege der Enduros fordert. Oben angekommen, reicht die Sicht bis zum imposanten 2033 Meter hohen Kegel des Berg Áthos.

Áthos, ein mystischer Name. Die halbautonome Mönchsrepublik ist eine völlig eigene Welt, wo 2000 griechisch-orthodoxe Mönche in 20 jahrhundertealten Klöstern leben. Áthos zu besuchen ist kaum leichter als Nordkorea. Nur zehn männliche Nichtorthodoxe werden pro Tag eingelassen, Frauen und Kinder müssen draußen bleiben. Die Einreise auf dem Landweg ist verboten. Im Zeitalter der offenen Grenzen Europas ist Áthos ein Anachronismus. Aber ohne diese restriktiven Bestimmungen würde die Mönchsrepublik im Zeitalter des Massentourismus blitzartig ihre geheimnisvolle Aura verlieren.

400 öde Kilometer weiter baut sich vor uns ein gigantisches Bergmassiv auf. Erst beim Näherkommen schälen sich Türme und Zinnen aus der glatten, grauen Felsbastion. Auf einigen dieser bis zu 300 Meter hohen Säulen thronen Klöster in tollkühner Lage. Meteóra zählt zu den spannendsten Szenerien Europas. Im 14. Jahrhundert ließ der Mönch Meteóris das erste Kloster bauen, nannte es Meteóra, was so viel bedeutet wie zwischen Himmel und Erde zu schweben. Eine wunderbare Panoramastraße kurvt in die Berge, bietet fantastische Aussichten auf die Klöster, die allesamt in äußerst exponierter Lage gebaut wurden.

Zur Insel Lefkás

Inzwischen hat sich das schlechte Wetter über der Adria verzogen. Zeit, das Ionische Meer anzupeilen. Die Nationalstraße 30 legt sich wieder mit dem Pindós-Gebirge an. Einsame Kilometer auf oft heiklem Asphalt. Rollsplitt und fieses Bitumen fordern volle Konzentration. Ein uralter Magirus-Laster zuckelt vor uns her, aus den schwarzen Wolken, die seinen Auspuff verlassen, könnte man Briketts schnitzen. Auch die rauen Pindós-Berge verstecken sich in schweren Wolken. Die wenigen Orte an der Strecke strahlen einen nüchtern-sachlichen Charme aus. Für Schönheit ist hier einzig die Landschaft zuständig.

Das große Metéora-Kloster Agia Triada wurde weltweit bekannt durch den James-Bond-Streifen »In tödlicher Mission« (links). Plausch vor einem Café am Meer (rechts). Ausegehend von Nidri, windet sich eine wunderbare Bergstraße über Lefkás zur Westküste der Insel (unten).

Endlich reißt der Himmel auf, und als wir Lefkás erreichen, wärmt uns die Sonne. Der Höhepunkt von Lefkás ist die Steilküste der südwestlichen Halbinsel, die sich wie ein langer Finger ins Ionische Meer streckt. Mit grüner Macchia bewachsene Berge steigen steil aus dem Meer, unterbrochen wird die Wand von kleinen Buchten mit feinsten Sandstränden. Der schönste von allen ist Porto Katsikí, eine Bilderbuchbucht. Die Steilküste formt ein Halbrund, lässt kaum 20 Meter Platz für den gelben Sand, der sanft ins unwirklich türkise Meer abtaucht. So sehen Traumstrände aus.

Die Taverne am Meer

Die schmale Teerstraße steigt von Porto Katsikí wieder hoch in die Berge, tänzelt dann entlang der Steilküste bis Petra Lefkás, wo uns eine kleine Fähre nach Fiskardo auf Kefalonia bringt. Was für bildhübsches Fischerdorf! Verwinkelte Gassen zwischen bunten Steinhäusern, Restaurants säumen den lebhaften kleinen Hafen. Der Weg, der Fiskardo südwärts verlässt, entpuppt sich als feinste Panoramastraße. Abwechselnd haben wir Aussicht auf die Insel Ithaka im Osten oder über die zerklüftete Westküste von Kefalonia. Auch hier verstecken sich wunderbare Buchten wie Mýrtos Beach zwischen den Felsen. Nach Süden nimmt die Dramatik Kefalonias ab, legt erst wieder im Énos-Nationalpark deutlich zu. Dichte Tannenwälder wachsen an den Hängen des Énos, mit 1628 Metern höchster Berg der Insel. Eine Rumpelpiste klettert durch die herbe Landschaft bis zum Gipfel, der von riesigen Antennen und Radarschirmen der NATO besetzt ist. Die Spur wird rauer, garniert mit ausgewaschenen Rinnen und dicken Steinen. Mit der Ténéré artet das zum Balanceakt aus, Robert hat auf seiner KTM deutlich mehr Spaß, dem Weg souverän zu folgen.

Aber schließlich kommen wir ohne Blessuren in Samí an, einer netten Hafenstadt an der Ostküste. Den lauwarmen Maiabend verbringen wir in einer Taverne direkt am Hafen, bestellen fangfrischen Fisch und leckeren griechischen Rotwein. Dimitros, der junge Kellner, gesellt sich mangels anderer Gäste zu uns: »Wurde aber auch höchste Zeit, dass der ungewöhnlich lange Winter endlich vorbei ist. Fünf Monate war es kalt und dunkel.« Spricht er von Deutschland? Keineswegs, denn auch in den griechischen Bergen kann es tatsächlich richtig winterlich sein.

Die grandiose Vikos-Schlucht ist 800 Meter tief. Blick vom Aussichtspunkt weit oberhalb von Monodendri (links). Alte Bogenbrücke bei Pili im Pindós-Gebirge (oben).

REISEINFOS

ALLGEMEINES

Kaum ein anderes Land in Südeuropa bietet so vielfältige Eindrücke wie Griechenland. Im Süden die Ägäis mit Hunderten von Inseln, im Norden das Hochgebirge des Pindós, dessen schneereiche Gipfel alpines Format erreichen. Nur wenige Touristen verlaufen sich in die wilde Gebirgslandschaft, in der die typischen Griechenland-Klischees keinen Platz haben.

ANREISE

Von Köln bis Igoumenitsa sind es etwa 2400 Kilometer. Die schnellste Strecke führt über München, Wien, Belgrad und Skopje. Von Venedig und Ancona verkehren tägliche Fähren bis Igoumenitsa und Patras. Infos unter www.minoan.gr, www.anek.gr und www.superfast.com

REISEZEIT

In den Pindós-Bergen beginnt der Frühling Ende April. Ideale Reisezeiten sind Mai/Juni und September/Oktober. Wenig erholsam ist es zur Hauptreisezeit im Juli und August. Zudem kann es über 35 Grad heiß werden.

TOUR-CHECK

Länge: 2000 km
Schwierigkeit: Zwischen einfachen Asphaltstraßen und anspruchsvollen Bergpisten
Streckenbeschaffenheit: Teerstraßen meist gut, Pisten in allen Zuständen
Besonderheiten: Anfang Mai ist in den Pindós-Bergen noch mit Schnee zu rechnen.

ÜBERNACHTUNGEN

Reiseführer oder die folgenden Websites helfen weiter: www.gnto.gr, www.reiseuhu.de, www.griechenland-urlaubsinfos.com und www.tourias.de

KARTEN

Landkarte »Griechenland« im Maßstab 1:650000, Reise Know-How Verlag, ISBN 978-3-8317-7329-9 oder Autokarte »Griechenland« im Maßstab 1:500000, Freytag & Berndt, ISBN 978-3-7079-0308-9

Die Bergstraße oberhalb von Chóra Sfakion an der Südküste Kretas zählt zu den fahrerischen Höhepunkten der Insel.

KRETA

Weit im Süden

Winterfrust? Dann hätten wir da einen Vorschlag: Kreta, schon Ende März bestes Wetter mit sonnigen 20 Grad, noch ohne Touristen, tolle Landschaften, griechische Lebensart und superschöne Bergstraßen.

Geschichte, daran mangelt es Kreta ganz sicher nicht. Die Minoer waren hier, Araber, Venezianer, Türken und auch die Nazis – alle haben ihre Spuren hinterlassen, gewiss nicht immer zum Guten der Insel und ihrer Menschen. Spuren, die wollen wir sicher nicht hinterlassen. Aber Kreta wird Spuren bei uns hinterlassen. Und das beginnt schon am ersten Tag der Reise.

Los geht's

Yannis, der gut gelaunte Chef der Motorrad-Vermietung Eurodriver in Heraklion, drückt uns die Schlüssel zweier Yamahas in die Hände. Die XT 660 R und die Ténéré sind perfekt, um die Insel mit all ihren Wegen zu erkunden. Schnell liegt die quirlige Küste hinter uns, die Einzylinder bollern in die Berge zur Lasithi-Hochebene, begrenzt von den verschneiten Zweitausendern der Dikti-Berge. 1000 rostige Skelette stehen hier, alte Windmühlen, die bis vor etwa 50 Jahren das lebenswichtige Wasser aus unterirdischen Reservoirs förderten. Längst haben elektrische Pumpen diesen Job übernommen, nur hier und da drehen sich noch die Flügel einer alte Windmühle quietschend im Wind.

Wir finden eine Piste, die über einen aussichtsreichen 1200-Meter-Pass hinüber bis Kritsá führt, einem der wenigen sehenswerten Orte der Insel. Viele alte Häuser, oft malerisch morbide, drapiert vor dem Halbrund schroffer Berge. Schwarz gekleidete Omas schlurfen durch handtuchbreite Gassen, vor dem Kafenion hocken alte Männer auf rustikalen Holzstühlen, die leere Raki-Flasche auf dem Tisch, diskutieren lautstark, retten vermutlich wieder mal die Welt. Szenen wie aus »Alexis Sorbas«, beste Klischeebilder und doch real.

Immer mit der Ruhe

»Sigá, sigá« – langsam, langsam – lautet die Lebensdevise der Bewohner der Insel Kreta. Beim Autofahren gilt das zwar nur bedingt, aber vom offensiven Fahrverhalten anderer mediterraner Länder sind die Kreter doch ein Stück entfernt. Ach ja, die Straßen. Der kretische Asphalt hat so seine Tücken und Lücken, der Grip changiert zwischen Drei-Wetter-Haft und gelglatt. Ein überraschend wegrutschendes Vorderrad ist wirklich keine vertrauensbildende Maßnahme. Also halten wir uns wie die Kreter an »sigá, sigá«.

Kein anderer Küstenort Kretas kann mit dem Charme des alten venezianischen Hafens von Chánia konkurrieren.

Im beruhigend starken Takt der Yamahas rollen wir ostwärts auf die einsame Halbinsel zum Cáva Sicherón, dem Nordostkap Kretas, und folgen dann der Küste nach Süden. Hier und da biegen wir ab zum Meer, staunen über menschenleere Sandstrände und die karibisch blaue Farbe des Wassers. Irgendwo da hinten ist Afrika, kaum 300 Kilometer bis Libyen. Zu meckern gibt's an einem solchen Tag sicher nichts. Für andere aber schon: 650 000 Schafe und Ziegen bevölkern die Insel, pennen nur zu gerne auf dem sonnenbeheizten Asphalt, hinterlassen dort gripmindernde Substanzen in beachtlichen Mengen.

Kurvenfieber in den Weißen Bergen

Wir legen Kurs West an, suchen nach kleinen Straßen zwischen den Bergen und dem Meer. Das ist Motorradwandern, wie es entspannter kaum sein könnte. Wir durchfahren wenige Orte, meist mit nüchternen Nutzbauten, sehen immer wieder Ruinen, entdecken aber auch architektonische Lichtblicke wie den von mächtigen Platanen beschatteten alten Platz von Spili mit dem venezianischen Brunnen, wo aus 23 Löwenköpfen eiskaltes Quellwasser sprudelt.

Je weiter wir westwärts rollen, desto dominanter werden die Weißen Berge – Lefká Óri –, vom namensgebenden Winterschnee ist allerdings nicht mehr viel übrig. Zu Füßen des Hochgebirges kuschelt sich der gemütliche Ort Chóra Sfakion in eine geschützte Bucht. Weiße Häuser stapeln sich malerisch am Hang, im Hafen dümpeln ein paar Fischerboote. Friedliche Idylle.

Am Ortsrand aber beginnt die geilste Straße der Insel, die sich hinauf bis Agios Ioánnis windet. Bestens geteert klettert sie in perfekten Radien auf die Lefká Óri zu. Morgens um halb acht sind wir hier ganz alleine und ständig hin- und hergerissen zwischen flüssigem Kurvenschwingen und der nächsten Pause, um die grandiose Aussicht zu bewundern. Unten am Meer sehen wir die Häuser von Chóra Sfakion, dann folgt der Blick der Küste ostwärts, ganz hinten ragen die mächtigen Ida-Berge auf. Staunen, fotografieren, genießen!

Wunderschönes Chánia

Drei Stunden später haben wir die Insel durchquert und erreichen Chánia, die schönste Stadt Kretas. Um den fast kreisrunden venezianischen Hafen stehen mehrstöckige pastell-

bunte Altstadthäuser Spalier, es sieht aus wie in Italien. Wir bewundern die türkischen Minarette, die alte Janitscharen-Moschee, das nautische Museum, aber auch das authentische Leben in den oft ganz schön morbiden Gassen des Stadtteils Kastélli. Bedrückend sind hier die viele Ruinen, Reste des Bombenterrors, mit dem die Nazis die Stadt 1941 teils zerstörten.

Zwei Tage lassen wir uns von Chánia verführen, dann lockt der wilde Westen der Insel. Es erwartet uns ein Kreta ohne Touristen: einige kleine Orte, verlebte japanische Pick-ups aus den 1970er-Jahren, nicht selten mit einem Aufkleber am Heck, die Stärke des Motors preisend. 123 PS, damit ist man heute sicher nicht mehr die dickste Hose im Dorf. Die gute Straße kringelt sich weit oberhalb der Küste idyllisch durch die Berge, erst am Strand von Elafonisi, ganz im Südwesten der Insel, ist Schluss.

Abstecher zum Skinakas Observatorium

Über verträumte Nebenstraßen, nicht selten im Renaturierungsprozess zur Piste, mäandern wir weiter bis ins Ida-Gebirge. Der Reiseführer beschreibt dort ein Observatorium in 1800 Metern Höhe, auf dem Skinakas-Gipfel. Wir suchen und finden den einspurigen Weg, der am kahlen Berghang immer höher tänzelt und schließlich auf dem Gipfelplateau direkt vor der schneeweißen Kuppel endet. Vor dem Max-Planck-Observatorium für Extraterrestrisches stehend, finden wir den Namen sehr passend, denn näher als hier können wir auf Kreta den Außerirdischen kaum kommen.

»Um den fast kreisrunden venezianischen Hafen von Chánia stehen mehrstöckige pastellbunte Altstadthäuser Spalier.«

Absolute Stille unter tiefblauem Himmel, die verschneiten Ida-Berge zum Greifen nah, sehen wir verschwommen im Dunst das Nordmeer und die Südsee. Die Mopeds knistern vor sich hin, wahrscheinlich senden sie verschlüsselte Botschaften in die Ferne des Universums.

Olivenhaine prägen das Bild im Landesinneren (links). Ende April sind die Strände der Südküste noch beinahe menschenleer, die Straßen ebenso (rechts). In der Altstadt von Spili strömt eiskaltes Wasser aus dem venezianischen Brunnen (unten).

Auf 1800 Meter Höhe lauscht das Max-Planck-Observatorium nach extraterrestrischen Botschaften (links). Ende April liegt noch reichlich Schnee auf den Zweitausendern des Ida-Gebirges (unten).

REISEINFOS

ALLGEMEINES

Kreta ist mit Abstand die größte Insel Griechenlands. Drei Hochgebirge verteilen sich über die bergige Insel: die zerklüfteten Lefká-Óri-Berge im Westen, die eher sanften Ida-Berge im Zentrum der Insel und die Dikti-Berge weiter östlich. Alle größeren Städte sind entlang der Nordküste zu finden.

ANREISE

Für eine zehn- bis 14-tägige Reise bietet sich die Anreise per Flieger nach Heraklion an. Tickets gibt es saisonabhängig ab 200 Euro. Technisch sehr gute Motorräder gibt es bei Eurodriver (www.eurodriver.gr). Der Besitzer Yannis Michalakis spricht Deutsch.

REISEZEIT

Die beste Reisezeit ist der Frühling, also April und Mai, wenn die Insel noch frühlingshaft grün und die Temperaturen im Wohlfühlbereich sind, diesseits von 30 Grad. Die Sommermonate sind heiß, trocken und voller Touristen. September und Oktober eignen sich dann wieder prima, allerdings ist das Land dann ausgetrocknet und karg.

TOUR-CHECK

Länge: 1030 km
Schwierigkeit: Einfach (Asphaltstraßen) bis anspruchsvoll (enge Bergstraßen und kernige Pisten)
Streckenbeschaffenheit: Oft glatt polierter Asphalt
Besonderheiten: Die Verkehrsregeln werden seitens der Insulaner eher großzügig interpretiert, fahren Sie also vorsichtig, insbesondere bei Nässe.

ÜBERNACHTUNGEN

Argiro Rent Rooms in Kritsá, House Margot in Palekastro, Pension Susanna in Mirtos (www.mirtoscrete.gr), Hotel Coral in Mátala, Hotel Stavris in Chóra Sfakion, Hotel Helena in Chánia, Pension Cristall in Paleochora. Zu buchen über www.booking.com

KARTEN

Auto- und Freizeitkarte »Kreta«, Maßstab 1:150 000, Freytag & Bernd, ISBN 978-3-7079-0762-9. Karte »Kreta«, Maßstab 1:140 000, Reise Know-How Verlag, ISBN 978-3-8317-7293-3

Entlang der Südküste der Kola-Halbinsel geht es an Dörfern wie Kashkarantsy vorbei. Es sind vergessene Orte, wer irgendwie kann, zieht weg.

RUSSLAND

Am Rande Europas

Ganz außen im Nordwesten Russlands befindet sich eine der einsamsten Regionen Europas. Die Republik Karelien beeindruckt allein schon durch ihre Weite. Hier wurde das tiefste Loch der Welt gebohrt.

Hier gibt es nichts. Weder Eis noch Kuchen, keine Souvenirs, nicht einmal Kaffee oder Tee. Nur ein kleiner Parkplatz und eine Säule geben einen Hinweis darauf, dass wir gerade eine Linie überschritten haben. Alles ist schlicht. Die Russen machen nicht viel Aufhebens um den Polarkreis. Ganz anders als ihre Nachbarn im Westen. Ein ganzes Dorf haben die Finnen um diesen imaginären Strich, an dem jedes Jahr am 21. Juni die Sonne nicht untergeht, gebaut: Rovaniemi (S. 14). Hier an der P-21, die Sankt Petersburg mit Murmansk verbindet, ist nichts los. Jetzt sind es noch knapp 100 Kilometer, dann haben wir unser Ziel erreicht. Maximilian und ich sind auf dem Weg zur Kola-Halbinsel, die bei Kandalaksha beginnt. Russisch-Lappland wird diese Gegend auch genannt, wo Fennoskandinavien am Nordmeer sein Ende findet.

Nun sind wir an der Schwelle zu einer der einsamsten Gegenden Europas. Im Inneren ist die Kola-Halbinsel fast menschenleer, isoliert und unbekannt. Die Genossen waren nie böse darüber, dass hier niemand so genau hinguckt. Wenn die Sowjetunion etwas vor den neugierigen Blicken der Welt verstecken wollte, dann taten sie es hier, jenseits des Polarkreises. So mancher Reaktor aus abgewrackten Atom-U-Booten verschwand hier. Auch nach Bodenschätzen konnten sie auf der Kola-Halbinsel weitgehend ungestört graben.

»Wenn die Sowjetunion etwas vor den neugierigen Blicken der Welt verstecken wollte, dann taten sie es hier, jenseits des Polarkreises.«

Wir wollen für die kommende Nacht auch ungestört bleiben und befragen das Navi nach einem Zeltplatz. Die Open-Street-Map-Karten offenbaren reichlich Gelegenheiten. Es sind Punkte irgendwo draußen, die angezeigt werden, manchmal einige Kilometer von der eigentlichen Route entfernt. Aber es sind meist schöne Spots, fast immer fehlt der Komfort. So ein Platz mit Plumpsklo gehört schon zur Fünf-Sterne-Variante. Dafür liegen sie meist großartig, nicht selten direkt am Wasser oder mitten im Wald. Nur die Hinweise auf die Bärenpopulation sorgen für leicht nervöse Gemütszustände.

Ganz ohne Komfort, dafür aber wunderbar gelegen, so sehen zahlreiche Zeltplätze in Karelien aus (links). Monatelang sich im Eis herumzutreiben, war für die »Lenin« kein Problem. Heute ist der einst größte Eisbrecher ein Museum und liegt im Hafen von Murmansk (rechts).

Murmansk und die »Lenin«

Am nächsten Tag landen wir knapp 1400 Kilometer nördlich von Sankt Petersburg in Murmansk, der größten Stadt der Arktis. Schon der Name klingt dunkel und unheimlich. Erst seit Anfang des vergangenen Jahrhunderts gibt es Murmansk. Die Häuser stehen auf sumpfigem Untergrund, meist sind es runtergerittene Plattenbauten, aber es tut sich was in der Stadt, überall entsteht etwas Neues. Zu Zeiten des Eisernen Vorhangs lebte fast ein halbe Million Menschen an diesem Ort, heute sind es knapp 300 000. Murmansk wird von den Einwohnern nicht geliebt – wer kann, zieht weg. Obwohl es mehr als genug Arbeit in den umliegenden Minen gibt. Rohstoffe sind gefragt und so wird gebuddelt, was die Baggerschaufeln hergeben. Auch im Hafen, der selbst im Winter, dank der Ausläufer des Golfstroms nicht vereist, gibt es immer etwas zu tun. Dort liegt auch die »Lenin«, der erste Atom-Eisbrecher der Welt, ein schwarzer Riese von 134 Metern Länge. Ende der 1950er-Jahre war dieses Schiff ein Meisterwerk der Technik und viele kamen nach Murmansk, um es zu bestaunen, darunter auch Richard Nixon und Fidel Castro.

Die »Lenin« konnte sich monatelang im Eis herumtreiben, so lange, wie die Wasser- und Proviantvorräte reichten. Um die Energie für das Fortkommen brauchte sich die Crew keine Gedanken zu machen. Der Antrieb mittels Kernspaltung hätte den Eisbrecher über Jahre bewegen können. Seit 1989 liegt der Eisbrecher im Hafen von Murmansk und ist heute ein Museumsschiff, auf dem es mehrere Führungen am Tag gibt. Da bei diesen Besichtigungstouren ausschließlich Russisch gesprochen wird, verzichten wir auf die Begutachtung der Inneneinrichtung und scheuchen die KTMs Richtung Teriberka.

Richtung Osten, dann weiter nördlich

Es sind 130 kalte Kilometer bis Teriberka. Ein Drittel des Weges führt über eine schlaglochzerzauste Wellblechpiste. Wer den Ort erreicht, hat den »Arsch der Welt« längst hinter sich gelassen. Von den 5000 Menschen, die dort einmal lebten, sind nicht einmal 600 geblieben. Seit vor fünf Jahren diese Ansammlung verfallener Häuser ins Rampenlicht gezerrt wurde, weht wieder ein belebender Wind durch die Straßen. Der Film »Leviathan« des russischen Regisseurs Andrei Swjaginzew

machte den Ort über die Grenzen Russlands bekannt. Der Bekanntheitsgrad bringt wieder ein wenig Bewegung in den Ort. Inzwischen gibt es zwei Hostels, weitere Übernachtungsmöglichkeiten sollen folgen.

Auf uns warten 130 Kilometer Rückweg nach Murmansk. Irgendwo im Nirgendwo stoppt Maximilian unfreiwillig. Der Reservekanister, der hinten an meinem Koffer hängt, muss es richten, nicht das erste Mal auf dieser Reise. Es ist fast Mitternacht, als wir Murmansk erreichen. Im Schein der Mitternachtssonne erhebt sich das Alyosha-Monument über der Stadt. Die 35 Meter hohe Betonstatue eines Soldaten, die dafür sorgt, dass die heftigen Kämpfe im Zweiten Weltkrieg rund um Murmansk nicht in Vergessenheit geraten.

Schon früh sind Maximilian und ich unterwegs, diesmal Richtung Norwegen. Das graue Betonambiente von Murmansk verliert sich schnell und die A138 zieht sich durch die Tundra. Dieser Weg ist anders als der, den wir gestern nach Teriberka gefahren sind. An der arktischen NATO-Außengrenze hat Russland ordentlich aufgefahren, überall Militär. Flugplätze, Panzerkasernen und nur wenige Kilometer von der Straße befinden sich die Häfen der russischen Nordmeerflotte.

Das tiefste Loch der Welt

Wir ziehen uns von der Küste zurück und durchstöbern mit unseren Enduros die Gegend rund um Sapoljarny. Wir sind auf der Suche nach einem Loch, das hier irgendwo etwas außerhalb der Stadt sein muss. Das Loch, das wir suchen, soll das tiefste sein, das je auf dieser Welt gebohrt wurde. Doch diesen Punkt zu finden, ist gar nicht so einfach, denn rund um Sapoljarny gibt es viele Löcher.

An diesem Ort wird der Planet ausgeweidet, endlos ziehen sich die Abraumhalden durch die Landschaft. Das ist aber nur die eine Seite, wer nach Western schaut, Richtung Norwegen, sieht die pure Wildnis Lapplands. Schon zu Hause habe ich mir die Koordinaten von der Bohrung besorgt und das GPS ist eifrig dabei, eine Route dorthin auszubaldowern. Zunächst sind es nur Näherungswerte, nicht immer ist klar, ob wir uns auf einer öffentlichen Straße oder schon auf einem Weg der Minengesellschaft bewegen. Offensichtlich schätzt die Minengesellschaft Besuche der Bohranlage nicht. Alle Wege sind blockiert. Überall Wälle, auch für unsere Enduros unüberwindliche Hindernisse. Wir folgen einigen Spuren, finden ein Schlupfloch,

Schlaglöcher und Wellblech sind ein Markenzeichen der Piste, die nach Teriberka führt (links). Die Uspenskaya-Kirche in Varzuga ist die älteste Holzkirche auf der Kola-Halbinsel (rechts). Pure Langeweile: Im Sommer gibt es für die Schlittenhunde nichts zu tun (unten).

müssen zunächst durch einen kleinen Bach und dann geht es querfeldein. Nach wenigen Kilometern stoßen wir wieder auf einen Weg. Wir sind bei Weitem nicht die Ersten auf diesem Track, überall sind Spuren, die den Weg durch diese mondartige Landschaft vorgeben.

Es ist ein unheimlicher Anblick, als wir die Anlage in dieser menschenleeren Weite sehen. Wohnbaracken, Lagerhallen, alles zurückgelassen im Chaos. Ein abgeschossener Ort. Überall liegt Schrott herum. 1970 ging man an den Start, es war ein Vorzeigeprojekt der UdSSR, mit dem Ziel, die zu der Zeit tiefste Bohrung von 9583 Metern in den USA zu übertrumpfen. Im Juni 1979 war es so weit, das sowjetische Team hatte die Marke geknackt, der Bohrer steckte mehr als 9583 Meter im Gestein. Das war aber nicht das Ende. Die Russen wollten mehr, bis auf 15 000 Meter sollte es runtergehen. Doch schon einige Kilometer, bevor der amerikanische Rekord eingestellt wurde, gab es einige Überraschungen: Der Bohrer stieß bei 6000 Metern auf Gold, bei 6700 Metern wurde fossiles Plankton gefunden.

Mit zunehmender Tiefe wuchsen auch die Schwierigkeiten. So waren die Temperaturen in dem Loch viel heißer als erwartet. Im Jahr 1992 war bei 12 262 Metern Schluss. Um die Ge-

Hauptsache schnell: Beim Frisieren der Mopeds legen die Jungs Wert auf die Geschwindigkeit, das Thema Sicherheit spielt beim Tunen eine untergeordnete Rolle.

räusche, die aus der Bohrung kamen, zu analysieren, seilten die Arbeiter ein Mikrofon ins Erdinnere ab. Was sie zu hören glaubten, schockierte sie. Die Aufnahme hörte sich an wie Schreie Tausender gequälter Menschen. Was sich nach wissenschaftlicher Untersuchung als seismischer Ursprung herausstellte, waren für einige der Arbeiter Schreie aus dem Fegefeuer. Sie waren davon überzeugt, die Hölle angebohrt zu haben.

Übernachten und schnell weiter

Nikel ist vom Bohrloch nicht weit entfernt. Die Stadt lohnt keinen Besuch, aber es gibt dort ein Hotel. Bis vor wenigen Jahren war der Ort noch Sperrzone, ohne Genehmigung bekam ihn kein Ausländer zu Gesicht. Warum auch, Nikel ist sicher kein »Must-see«. Und der Lonely Planet hat auch nichts Positives über die Stadt zu berichten. So unattraktiv Nikel ist, so schön ist die Umgebung. Darum verblassen schon nach wenigen Kilometern Fahrt die Erinnerungen an das Grau der Plattenbauten und der rußigen Fabrik. Dennoch sind wir in einem sensiblen Gebiet. Die Grenze zu Norwegen ist nur einen Steinwurf entfernt. Wir befinden uns wieder in der Tundra, die sich vor unseren Augen bis in die Ewigkeit hinzieht. Dann und wann ist eine Ansammlung von Häusern zu sehen, deren Bewohner russische Samen sind. Verfallene Orte, in denen im Sommer nur wenig Leben steckt.

Maximilian möchte endlich Rentiere sehen. Schließlich gibt es hier auf der Kola-Halbinsel angeblich unendlich viele davon. Ein guter Ort dafür ist Lowosero, mehr als 20 000 dieser Tiere soll es dort geben. Doch als wir am späten Nachmittag das Dorf erreichen, ist absolut nichts von ihnen zu sehen. Aber wir treffen Vladimir, einen älteren Mann mit einem freundlichen Gesicht. Dass er auch ein großes Herz hat, erfahren wir etwas später. Seine Gastiniza ist adrett und da er an diesem Abend nichts weiter vorhat – was für ein Glück –, kocht er für uns. Wo die Rentiere sind, fragen wir ihn. »Da draußen«, sagt Vladimir. Im Sommer sind sie in der Tundra, im Herbst holen die Züchter die Tiere wieder zurück.

Der Abschied von Vladimir fällt nicht leicht. Auch er findet es schade, dass wir weiterwollen, und die Umstände für unser Auseinandergehen sind nicht optimal, es regnet und der heutige Tag ist lediglich eine Verbindungsetappe. Auf der P-21 geht es wieder nach Kandalaksha und von dort weiter entlang der

Südküste der Kola-Halbinsel. Wir kommen bis nach Varzuga, einem der ältesten Dörfer auf der Kola-Halbinsel, danach ist Schluss. Über den staubigen Streifen, den wir gekommen sind, geht es wieder zurück.

Es ist schon Abend, als wir bei Andreje aufschlagen. Er vermietet Ferienhäuser unweit der Fernstraße P-21. Unser Glück, denn es hat wieder angefangen zu regnen. Andreje hat diese Anlage erst vor zwei Wochen übernommen und es läuft noch nicht alles rund. Er setzt auf Tourismus und hat in Karelien in der Nähe der finnischen Grenze noch ein Hotel. Keine Frage, der Mann ist geschäftstüchtig. Bis zum Polarkreis sind es nur noch ein paar Kilometer. Als ich ihm erzähle, was in Finnland und Schweden an dieser imaginären Linie abgeht, ist er begeistert. Man kann sehen, wie er in seinem Kopf anfängt, schon Pläne zu schmieden. Wer weiß, wenn ich das nächste Mal in dieser Gegend unterwegs bin, bekomme ich vielleicht ein Eis am russischen Polarkreis.

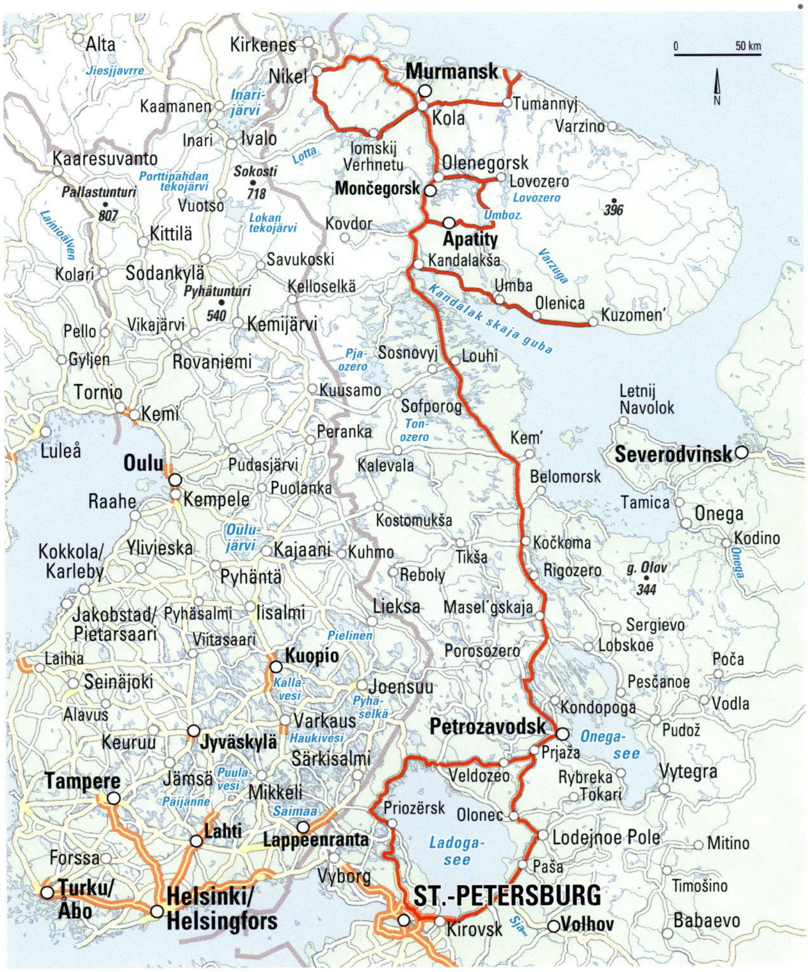

REISEINFOS

ALLGEMEINES

Die Kola-Halbinsel liegt im Nordwesten Russlands und gehört zum Oblast Murmansk. Die auch »Russisch-Lappland« genannte Region ist reich an Bodenschätzen.

ANREISE

Fähren von Deutschland laufen Helsinki (www.finnlines.com) oder Klaipeda in Litauen (www.dfds.com) an. Zwischen Baltikum und Finnland gibt es einige Grenzübergänge nach Russland. Für die Einreise braucht man ein Touristenvisum, die Grüne Versicherungskarte (»RUS« darf nicht durchgestrichen sein) und einen Auslandskrankenschutz.

REISEZEIT

Im Norden der Kola-Halbinsel herrscht ein subarktisches Klima. Zur Mitte der Halbinsel nimmt der Einfluss von kontinentalem Klima zu. Von Juni bis September herrschen im Norden 8–11 Grad, weiter südlich 12–14 Grad.

TOUR-CHECK

Länge: ca. 3500 km (Helsinki – Sankt Petersburg – Murmansk und zurück)
Schwierigkeit: Mittel
Streckenbeschaffenheit: Zum größten Teil Asphalt, einige Schotterpassagen
Besonderheiten: Warme Kleidung. Beim Campen muss man Maßnahmen zum Schutz gegen Bären ergreifen (keine Nahrungsmittel im Zelt aufbewahren).

ÜBERNACHTUNGEN

Auf der Kola-Halbinsel gibt es Hotels und Gastinizas (www.airbnb.de, www.booking.com). Auch wildes Zelten ist möglich, jedoch in der Nähe von Militärstützpunkten oder im Grenzgebiet nicht zu empfehlen. Bei der Suche nach Übernachtungsmöglichkeiten waren die Karten von OpenStreetMap (www.openstreetmap.org) sehr hilfreich.

KARTE

Murmanskaya Oblast 1:450 000, mit Kola-Halbinsel 1:700 000. Alle Angaben in kyrillischer Schrift, erhältlich unter www.geobuchhandlung.de »Russland Nordwest«.

TÜRKEI

Reise zum Ararat

Der Ararat – legendärer Berg im Osten der Türkei. Der Weg dorthin ist weit, führt durch ein riesiges Land zwischen Orient und Okzident. Mit jedem Kilometer gen Osten wird die Türkei spannender, fremdartiger und asiatischer.

Der Ararat, 5137 Meter hoch,
ist Ende Mai noch tief verschneit.

Tayfun macht seinem Namen alle Ehre. Mit einem gewagten Lenkmanöver parkt er seinen tiefergelegten 3er BMW neben unseren vor einem Café stehenden Motorrädern: »Willkommen in der Türkei. Mein Name ist Tayfun. Seid ihr aus Deutschland?« »Ja.« »Wie gefällt euch mein Land? Glaubt ihr, die Türkei kann der EU beitreten?« »Äh ...« »Wart ihr schon in Antalya und Alanya?« »Ja, aber ...« »Dann müsst ihr unbedingt noch nach Urfa und Göreme! Güle güle – auf Wiedersehen.« Kaum gesagt, gibt er seinem BMW die Sporen.

Was war das denn? Claudia, Andreas und ich starren uns perplex an. So einen Wirbelsturm haben wir noch nicht erlebt auf den 1000 Kilometern vom Fährhafen Çesme bis an die Südküste bei Alanya. Tayfun war nicht der Erste, der unsere Meinung zum EU-Beitritt hören wollte. Tatsächlich wirkt die Türkei entlang der Mittelmeerküste oft europäisch. Das allerdings wird sich ändern, je weiter wir nach Osten vordringen.

Aus dem Süden ins Landesinnere

Die Südküste mit ihren Fünf-Sterne-All-inclusive-Urlaubsparadiesen ernüchtert, malerische Mittelmeerszenerien sind hier

»Zwei Jungs folgen ihrer Ziegenherde, winken uns begeistert zu. Die Weite und Ruhe des Hochlands wirken geradezu befreiend.«

kaum zu finden. So sind wir froh, als wir bei Tarsus endlich ins Landesinnere abbiegen. Kurs Nord, nach Zentralanatolien. Kaum zwei Stunden später ist alles anders. Eine rumpelige Nebenstraße folgt den weiten Windungen des Ecimes-Flusses. Weit oben stecken die 3700 Meter hohen Berge des Ala Dağar ihre schroffen Gipfel in die Wolken. Nomaden wandern mit Treckern und beladenen Anhängern wer weiß, wohin. Zwei Jungs folgen ihrer Ziegenherde, winken uns begeistert zu. Wir sind in Asien. Nach der künstlichen Hektik der Südküste wirken die Weite und Ruhe des Hochlands geradezu befreiend.

Wir bleiben auf Nordkurs, folgen schmalen Straßen, mal mit, mal ohne Teer und erreichen schließlich den touristischen

Schon vor Sonnenaufgang werden die Heißluftballons in Kappadokien aufgeheizt (links). Auf dem Gipfel des Nemrut Daği beleuchtet die frühe Sonne die steinernen Köpfe, die König Antiochus vor 2000 Jahren hier aufstellen ließ (rechts).

Brennpunkt Zentralanatoliens: Kappadokien. Die Natur hat hier ein surreales Kunstwerk geschaffen, eine einzigartige Erosionslandschaft. Schuld daran war zunächst der Vulkan Erciyes, der über Millionen Jahre Lava und Asche eruptierte und in seiner Umgebung aufschichtete. Nach der Detonation folgte die Erosion. Wind, Frost und Wasser sägten und frästen durch das weiche Tuffgestein, schufen Höhlen und Tausende von weiß-gelben Säulen, die wie gigantische Phallussymbole aufragen. Das Reich der Tuffkegel und -pyramiden.

Unter die Erde und hoch hinaus

Viele der Tufffelsen sind durchlöchert wie Schweizer Käse. Schon die ersten Bewohner erkannten vor 6000 Jahren, dass sich das weiche Gestein für die eigenen vier Wände prima bearbeiten lässt. Eine Wohnhöhle ist schnell geschnitzt, Regale, Fenster oder ein Extrazimmer für den Nachwuchs lassen sich einfach nachrüsten. So entstanden über 100 unterirdische Städte mit einem Labyrinth von Stollen, Schächten und Stockwerken. Einige dieser U-Städte können besichtigt werden, ein beklemmendes Gefühl stellt sich dabei garantiert ein.

Unser Höhepunkt Kappadokiens ist allerdings die Fahrt mit einem Heißluftballon. Schon im Morgengrauen heben wir ab, gleiten lautlos über die bizarre Wunderwelt der Tufftürme. 90 Minuten schweben, träumen und staunen. Eindrucksvoller lässt sich diese fantastische Landschaft kaum erleben.

Jenseits von Kappadokien beginnt der ferne Osten. Sanfte grüne Hügel wechseln mit 3000-Meter-Bergen ab, die noch mit dem Schnee des Winters verziert sind. Hin und wieder ein Dorf mit einstöckigen Häusern, deren Wellblechdächer in der Sonne blinken. Die Dörfer heißen Gümüsören, Yallaköy oder Hüyüklü. Nichts, was man sich merken könnte. Freundlich winkende Menschen, Kinder in sauberen blau-weißen Schuluniformen, Halbwüchsige, die auf einige Schafe, Ziegen oder eine Kuh aufpassen.

Benzin und schwarzer Tee

An einer kleinen Tankstelle wird es Zeit, Brennstoff zu bunkern und eine Teepause einzulegen. Schwarzer Tee ist das türkische Nationalgetränk. Er wird stets in kleinen bauchigen Gläsern serviert. Ein Bauer knattert mit seinem Türk-Fiat-Trecker an die

Tanke, lässt ein paar Liter Diesel einschenken und kommt auf einen Tee zu uns herüber. Längst hat er uns als Deutsche erkannt. Er selbst hat sechs Jahre in einer Messerfabrik in Solingen gearbeitet und dort so viel gespart, dass er sich hier eine Forellenzucht aufbauen konnte. Begegnungen wie diese erleben wir fast jeden Tag. Als wir schließlich aufbrechen und unseren Tee bezahlen wollen, ist das schon geschehen. Der Trecker-Pilot hat das offenbar heimlich erledigt. Die türkische Gastfreundschaft macht uns immer wieder sprachlos.

Der Flüssigkeitsnachschub von Mensch und Maschine ist gedeckt, nun können wir hoch zum Nemrut Daği fahren, um morgen den Sonnenaufgang vom Gipfel zu erleben. Eine rumpelige Pflasterstraße klettert bis auf 2000 Meter, wo wir die Zelte aufbauen. Den Gipfel des Berges, ein 50 Meter hoher Schotterkegel, haben Sklaven vor über 2000 Jahren aufgehäuft. Direkt darunter schlummert König Antiochus, größenwahnsinniger Herrscher über das Reich der Kommagene. Westlich und östlich des Gipfels ließ Antiochus neun Meter hohe Statuen aus Stein errichten. Sie zeigen ihn in prominenter göttlicher Gesellschaft mit Zeus, Apollo und Herakles. Den Sonnenaufgang in dieser Szenerie zu erleben, ist tatsächlich ein göttliches Geschenk.

Abenteuerlich über den Euphrat

Als zwei Busse lärmende Schulklassen bringen, machen wir uns vom Acker und kurven runter in die Hitze der Ebene bis zur Fähre über den mächtigen Euphrat. Die schwimmende Eisenplattform wäre in jedem Fährentest der absolute Antiheld. Aber Europa ist weit und hier zählen andere Eigenschaften als beleuchtete Notausgänge und frische Rettungsringe. Hauptsache, das Ding schwimmt und alle kommen mit. Was bei dem Andrang so einfach nicht ist. Schließlich sind aber alle Autos verstaut, die XT passt millimetergenau in eine Ecke und die dicken BMWs parken auf der schrägen Laderampe. Für die Fuß-Passagiere ist nun kein Platz mehr. Zumindest europäisch gedacht. Aber wir sind in Asien. Also klettern beinahe 50 Leute auf die Ladeflächen der Pick-ups und auf die Dächer der Kleinbusse. Geht doch!

Zum Vulkan Nemrut Daği

Unser Tagesziel heißt Nemrut Daği. Diesmal ist nicht der Berg des Antiochus gemeint, sondern der gleichnamige Vulkan am

Dichtes Gedränge auf der Fähre über den Euphrat (links). Ein perfekter Morgen im alten Vulkankrater des Nemrut Daği in Ostanatolien (rechts). Sonnenuntergang hinter dem Ishak-Pasha-Palast in der Nähe des Ararat (unten).

Van-See, 400 Kilometer weiter östlich. In grauer Vorzeit blies sich der Berg in einer gewaltigen Explosion den kompletten Gipfel weg, die leere Magmakammer stürzte ein und eine große Caldera blieb zurück. Über eine staubige Piste klettern wir zu einem 2600 Meter hohen Pass, der direkt in den Krater führt. Dort erwartet uns eine andere Welt: dick bemooste Lavaströme, ein paar Seen, Altschnee und schwarze Asche. Sieht aus wie in Island.

Es wird sogar isländisch kalt hier oben, minus fünf Grad bei Sonnenaufgang. Was völlig egal ist, als ich aus dem Zelt blicke. Über dem spiegelglatten See tanzen dichte Nebelschwaden, die im Gegenlicht golden leuchten. Absolute Stille, unterbrochen nur vom Rufen eines Kuckucks. Ein paradiesischer Platz, der die Welt außerhalb des Kraters einfach ausblendet. Die bekommen wir erst wieder zu sehen, als wir die Enduros hinauf zum Pass treiben. Von dort staunen wir über das Super-Breitwand-Panorama: Weit unten leuchtet der riesige Van-See, siebenmal größer als der Bodensee, in einer Bucht die Stadt Tatvan, und am anderen Ufer tunken hohe Berge ihre verschneiten Gipfel in den tintenblauen Himmel. Ostanatolien ist atemberaubend schön.

So manche Brücke in Ostanatolien hat schon bessere Tage gesehen. Hauptsache, die Bretter halten.

Ostwärts zum Aratat

Je weiter wir ostwärts vordringen, desto sprachloser macht uns die Landschaft. Stundenlang rollen wir am Van-See entlang und folgen dann der E 99 in die Einsamkeit der Berge. Einfache Dörfer mit flachen Lehmbauten am Straßenrand, überragt vom Minarett der obligatorischen Moschee. Zu Mauern aufgeschichtete Kuhfladen warten als Heizmaterial auf den nächsten Winter. Lediglich die Satellitenschüsseln erinnern daran, dass wir uns im 21. Jahrhundert befinden, ansonsten könnten diese Dörfer auch in Tibet sein. Haarscharf rollen wir an der iranischen Grenze entlang, am Schildvulkan Tendürek mit seinen bizarren Lavaströmen, durch eine Landschaft, wie sie wilder kaum sein könnte.

Und dann, nach einer Kurve, ist er plötzlich da – gigantisch groß, frisch verschneit und wunderschön: der ruhende Vulkan Ararat, mit 5165 Metern der höchste Berg der Türkei. Wie winzig doch alle bisherigen Drei- und Viertausender gegen diesen Giganten wirken. Lange stehen wir einfach nur da und bewundern den Vulkan. Für dieses Bild hat sich die 5000-Kilometer-Anreise gelohnt.

Der Ishak-Pasha-Palast

Zu seinen Füßen liegt die wenig sehenswerte Stadt Doğubayazit. Aber ein paar Kilometer weiter südöstlich wartet der legendäre Ishak-Pasha-Palast auf Besucher, er wurde zwischen 1685 und 1784 in aussichtsreicher Lage hoch über der Ebene errichtet. Der Palast teilt sich in einen Vorhof, einen dahinter liegenden Innenhof und einen privaten Frauenwohnbereich. Die märchenhaften Gebäude an der alten Seidenstraße verschmelzen mit ihrer Umgebung zu einem orientalischen Gesamtkunstwerk. In unseren Köpfen werden Klischeebilder aus 1001 Nacht lebendig. Oberhalb des Palastes entdecken wir ein kleines Café, wo wir Stunden damit verbringen, die grandiose Aussicht zu genießen und literweise Tee zu vernichten.

Ein alter weißbärtiger Mann kommt vorbei, zieht seinen mit Heu beladenen Esel hinter sich her. Er staunt über unsere Motorräder, stellt sich als Mahmut vor. Mit ausladenden Gesten und leuchtenden Augen erzählt er auf Kurdisch vom Ararat und dem Ishak-Pasha-Palast. Europa erwähnt er nicht ein einziges Mal. Niemand interessiert sich hier im Osten für den so fernen Kontinent. Europa ist eine andere Welt.

REISEINFOS

ALLGEMEINES

Die Türkei ist ein äußerst vielfältiges Reiseland. An der Mittelmeerküste sieht es kaum anders aus als in Südeuropa. Wer in den fernen Osten Anatoliens vordringt, entdeckt dort ein völlig anderes Land, das mit Europa nichts mehr gemein hat.

ANREISE

Von Köln bis Istanbul kommen auf dem Landweg etwa 2500 Kilometer zusammen, von dort sind es mindestens weitere 2000 Kilometer bis zum Ararat. Alternative: Fähren-Hopping von Italien nach Griechenland und von dort bis Çesme an der türkischen Westküste. Oder den Autoreisezug von Optima Tours von Villach bis Edirne nutzen (www.optimatours.de).

REISEZEIT

An der Mittelmeerküste herrschen bereits im April Temperaturen zwischen 20 und 25 Grad. Im Landesinneren, vor allem im ostanatolischen Bergland, kommt der Frühling erst im Mai. Die besten Reisemonate sind daher Mai und Juni.

TOUR-CHECK

Länge: 5000 km
Schwierigkeit: Mittel
Streckenbeschaffenheit: Gute Fernstraßen, oft schlechte Nebenstraßen, Pisten sind selten.
Besonderheiten: Die Höchstgeschwindigkeit für Motorräder auf Landstraßen beträgt 80 km/h. Reisepass mitnehmen!

ÜBERNACHTUNGEN

An der Mittelmeerküste und in den touristischen Zentren wie Pamukkale oder Kappadokien gibt es zahlreiche Zeltplätze, Pensionen und Hotels. Abseits der Touristenrouten geht das Angebot deutlich zurück. Ein guter Reiseführer hilft bei der Quartiersuche weiter. Freies Zelten ist abseits von Privatgrund und Nationalparks möglich. Im einsamen Landesinneren finden sich oftmals schöne Plätze zum freien Zelten.

KARTE

Marco Polo Länderkarte »Türkei« im Maßstab 1:800 000, MairDumont Verlag, ISBN 978-3-8297-3847-7

ARMENIEN

Kultur Reich

Wenn es eine Schnittstelle zwischen Orient und Okzident gibt, dann ist es Armenien. Das kleine Land im Süd-Kaukasus bietet jede Menge Kultur und verfügt über eine einzigartige Landschaft. Perfekt für eine unvergessliche Motorradreise.

Das Leben spielt woanders, die Dörfer im Hinterland von Armenien liegen oft sehr abgelegen.

Es ist heiß in Eriwan und schon seit einer Ewigkeit sitze ich in diesem Garkessel, der sich Taxi nennt, und versuche, das Büro von Araratour zu finden. Selbst der Fahrer hat Mühe mit dieser Adresse. Dass wir in einer Straße auf zwei XT 660 stoßen, ist der entscheidende Hinweis. Ich werde schon erwartet. Der Papierkram und die Einweisung sind schnell erledigt, dafür brauchen die Reisetipps ein wenig länger.

»Im Laden steht Artak hinter der Theke. Er schüttet die ganze Herzlichkeit armenischer Gastfreundschaft über mich.«

Erster Ausflug ab Goght

Schon bei der Planung zu Hause hatte ich das Gefühl, dass es in Armenien alle paar Meter etwas Kulturhistorisches zu entdecken gibt. Das Land hat ein reiches Repertoire an Klöstern und Kirchen und nicht wenige davon sind eingerahmt in spektakuläre Landschaften. Das Kloster Chor Virap mit dem Ararat im Hintergrund steht ganz oben auf der Liste. Keine halbe Stunde später liegt das Gewusel der Großstadt hinter mir. Die erste Etappe habe ich sparsam abgesteckt, knapp 34 Kilometer sollen es heute werden. Im Internet habe ich den Campingplatz »3Gs« entdeckt. Er ist ein Kleinod für zeitlich begrenztes Wohnen, zudem liegt die Unterkunft in Schlagweite zweier kulturhistorischer Highlights. Klingt ideal! Bis dorthin brauche ich dennoch mehr als eine Stunde. Dass meine Wahl für die Anreise auf kleinere Straßen fiel, kostet Zeit. Es sind aber nicht allein die zusätzlichen Kilometer, auch der Zustand dieser Straßen schiebt die Ankunft weiter nach hinten.

Am frühen Nachmittag stehe ich vor einem großen Tor in Goght. Mein Klopfen wird erhört. Die Frau, die mir öffnet, wird sich schnell als Sandra vorstellen und ist die Inhaberin des Anwesens. Sandra kommt aus den Niederlanden, ist 2011 mit ihrem Mann beruflich nach Armenien gekommen und hängen geblieben. Die Lage des Grundstücks ist phänomenal, die Aus-

Traumhaft schön und grün ist die Hochebene am 2410 Meter hohen Sulema-Pass. Letzerer ist Teil der alten Seidenstraße (links). Begegnungen am Straßenrand enden fast immer mit einer Einladung zum Tee (rechts). Egal wie viel vom Gespann am Ende noch übrig ist, Hauptsache, es fährt (unten).

sicht auf den Khosrov-Nationalpark umwerfend. Was die Ausflüge betrifft, hat Sandra einen wertvollen Tipp: Sie rät mir zu warten. Am frühen Abend seien die Temperaturen für eine Besichtigung weitaus angenehmer. Mein erster Anlaufpunkt ist der Tempel von Garni. Der Tempel aus der Antike gehört zu den am meisten besuchten Kulturdenkmälern des Landes. Der gleichnamige Ort lebt nicht schlecht von dem Bekanntheitsgrad. Am Eingang stehen die Frauen des Dorfes und locken mit kulinarischen Köstlichkeiten. Die Römer errichteten den Tempel hoch über einer Schlucht, durch die der Azat fließt. Ein Erdbeben zerstörte das Bauwerk vor fast 400 Jahren vollständig. Der Wiederaufbau fand erst in der Mitte des vergangenen Jahrhunderts statt.

Nach vielen Tassen Tee zum Ararat

Am nächsten Tag wird mein sorgsam geplanter Tagesablauf schon nach zwei Kilometern aus der Bahn geworfen. Ich brauche Wasser. Eigentlich kein Problem, der Laden gleich neben mir am Straßenrand hat sicher reichlich davon. Doch so einfach ist das nicht. Artak steht hinter der Theke und schüttet die gan-

ze Herzlichkeit armenischer Gastfreundschaft über mich. Keine zwei Minuten später sitze ich mit ihm in seiner Laube, direkt neben dem Laden. Seine Frau serviert Kekse und das Teewasser schickt sich an, den Siedepunkt zu erreichen. Ich habe irgendwann gelesen, wenn sich jemand in Armenien setzt, dann kommt er so schnell nicht wieder weg, und ich stelle gerade fest, dass diese Aussage zutrifft.

Es braucht zahlreiche Tassen Tee, bis ich wieder auf der Straße bin. Nach einigen Kilometern stehe ich an der Fernstraße M2. Ich drehe den Lenker Richtung Süden und beschleunige. Die Grenze zur Türkei ist nur ein paar Kilometer entfernt, gleich dahinter müsste sich der Ararat in den Himmel erheben. Und das tut er auch, zwar nur schemenhaft, aber ich kann den Berg sehen. Das Bild des Klosters Chor Virap mit dem Fünftausender dahinter ist das Armenien-Motiv schlechthin. Der Ararat steht zwar in der Türkei, aber für viele Menschen in diesem Land ist er ein nationales Symbol. Dass er für sie unerreichbar ist, schmerzt viele Armenier.

Ich folge einer kleinen Straße, die langsam die Ararat-Ebene verlässt. Berge tauchen auf. Nach weiteren Kilometern erreiche ich bald die Provinzhauptstadt Jeghegnadzor. Crossway steht auf einem Schild, darunter das Wort Campingplatz, idealerweise liegt dieser Platz direkt gegenüber der M10, die hinauf zum Selim-Pass führt, meinem morgigen Ziel.

Die M10 durchschneidet die Vardenis-Berge und klettert bis auf knapp 2500 Höhenmeter. Herrscht in Jeghegnadzor schon am frühen Morgen eine drückende Hitze, ändert sich das Klima mit jedem Meter, die sich die XT hinaufschwingt. Die Straße ist nicht nur kurvenreich, auch gibt ihr Zustand größtenteils keinen Grund zur Beanstandung. Schon nach der Hälfte der Strecke ist es angenehm kühl. Immer wieder ergeben sich überwältigende Blicke auf die umliegenden Berge und das Tal von Selim. Kurz unterhalb der Passhöhe steht die Karawanserei Selim. Diese Route war übrigens einst Teil der Seidenstraße. Was sich heute in nicht einmal 20 Minuten mit dem Auto oder Motorrad erledigen lässt, war für die Karawanen, die mit Waren Richtung Europa zogen, eine Herausforderung.

Vom Selim-Pass zum Sewansee

Kurz darauf sitze ich wieder auf der Enduro. Bis zur Passhöhe sind es nur noch ein paar Kilometer. Was ich dann sehe, ist um-

Verlockend: Überall zweigen kleine Pisten ab und verlocken zu Offroad-Abstechern (links). Zwar ist der Ararat das Nationalsymbol von Armenien, der Berg liegt aber in der Türkei (rechts). Handarbeit: Auf dem Land gibt es den Sprit oft aus Eimern (unten).

werfend. Hier oben hat die armenische Landschaft mongolische Dimensionen. Bis zum Horizont ziehen sich grüne Hügel sanft über die Hochebene. Dazwischen ragen einige Berge heraus, die die Dreitausender-Höhenmarke weit übersteigen.

Ich gönne mir noch die Fahrt runter bis an den Sewansee. Das Gewässer hat Rekordpotenzial: Es ist nicht nur der größte See im Kaukasus, mit knapp 1900 Metern über dem Meer zählt er zu den größten Hochgebirgsseen der Welt. Der Ort Martuni liegt am südlichen Ende des Sewan. Die kleine Stadt hat nichts Sehenswertes zu bieten, verfügt aber über Tankstellen und genau die brauche ich dringend. Nach dem Auffüllen des Benzinvorrates und einem Tee mache ich mich wieder auf den Weg über die Berge zurück nach Jeghegnadzor.

Geschichte schnuppern beim Kloster Tatev

Am nächsten Tag hat sich die Welt dramatisch verändert. Ich bin auf dem Weg Richtung Süden, mein Ziel ist Tatev. Bis jetzt war meine Reise begleitet von blauem Himmel, doch der ist grau geworden und auch die Temperaturen sind ordentlich gefallen. Dass Tatev hier im Süden eine kulturelle Hochburg ist, sieht man dem Ort auf den ersten Blick nicht an. Tatev hätte sicher keine touristische Bedeutung, wenn es das Kloster nicht gäbe. Früher ein religiöses Zentrum, ist es heute ein Besuchsmagnet im Süden des Landes.

Dazu beigetragen hat sicher die Seilbahn, denn diese Hängepartie ist ein Superlativ. Mit sechs Kilometern Länge gibt es weltweit nichts Vergleichbares. Elf Minuten dauert das Erlebnis in 300 Metern Höhe über die Vorotan-Schlucht. Das erspart den Reisebussen die kurvige Abfahrt hinunter in die Schlucht und einen noch abenteuerlicheren Aufstieg wieder hinauf zum Kloster. Am nächsten Tag will ich weiter Richtung Süden, vielleicht schaffe ich es bis zur iranischen Grenze. Aber schon nach wenigen Kilometern lässt die Piste keinen Zweifel daran, dass das gesteckte Ziel an einem Tag nicht zu erreichen ist.

Zwei Tage später bin ich wieder in Eriwan. Nune, die Chefin von Araratour, fragt mich, ob es mir in Armenien gefallen hat. Bevor ich etwas sagen kann, kennt sie bereits die Antwort, denn das Leuchten in meinen Augen hat mich längst verraten. »Na, dann sehen wir uns sicher mal wieder?«, fragt Nune wohl eher rhetorisch. Und sie hat recht, denn dieses Land werde ich sicher erneut besuchen.

Das wunderschön gelegene Kloster Noravankh ist eines der touristischen Highlights des Landes (links). Der Glaube ist ein fester Bestandteil im Leben vieler Armenier (rechts).

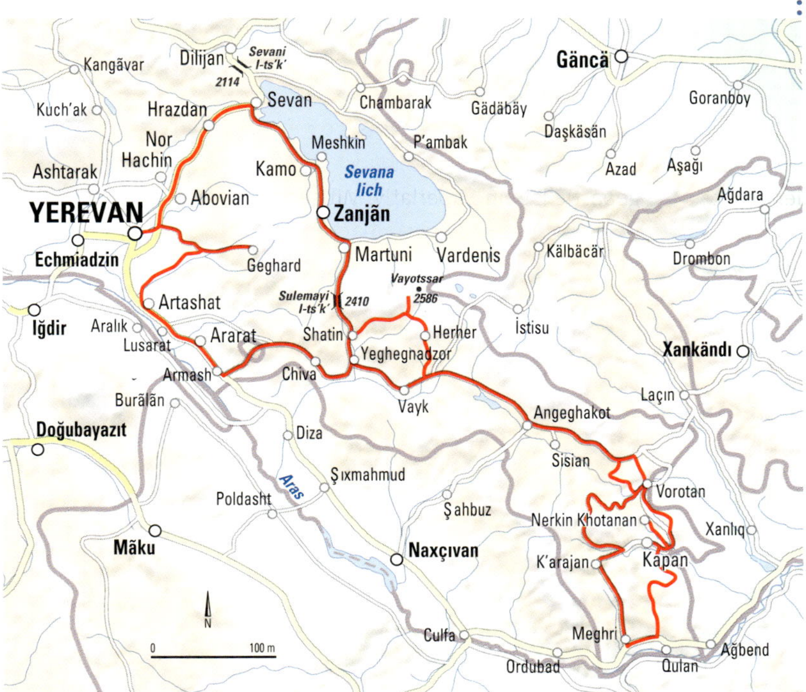

REISEINFOS

ALLGEMEINES

Armenien ist knapp 28 000 Quadratkilometer groß. Das Gebiet grenzt an die Türkei, Georgien, Aserbaidschan und den Iran. Im Land leben 3 Millionen Menschen, 1,1 Millionen davon in und um die Hauptstadt Eriwan.

ANREISE

Es empfiehlt sich die Anreise per Flugzeug. Für die Einreise nach Armenien ist ein gültiger Reisepass notwendig. Ein Visum wird für deutsche Staatsbürger nicht verlangt. Der deutsche Führerschein wird anerkannt. Motorräder mieten kann man zum Beispiel bei Araratour (www.araratour.com) oder Silkroad Armenia (www.silkroadarmenia.am).

REISEZEIT

Armenien kann von Anfang Mai bis Mitte Oktober bereist werden, im Juli und August wird es bis zu 40 Grad warm. Mit zwei Regentagen halten sich die Niederschläge in diesen Monaten in Grenzen. In den Bergen im Süden des Landes kann es wesentlich kühler sein und auch die Niederschlagsmengen sind höher.

TOUR-CHECK

Länge: 1100 km
Schwierigkeit: Mittel
Streckenbeschaffenheit: Schlechter Asphalt, Schotterpisten
Besonderheiten: Aufgrund der Straßenverhältnisse sollten die Tagesetappen nicht zu üppig gewählt werden. Gerade kleinere Straßen sind in schlechtem Zustand und oft lässt sich der einstige Asphalt nur noch rudimentär erkennen.

ÜBERNACHTUNGEN

3 Gs B&B in Goght (www.bedandbreakfast3gs.com), Campingplatz und B&B Crossway (www.campinginarmenia.com), Bed and Breakfast John and Lena in Tatev, in der Nähe des Klosters (z. B. über www.booking.com)

KARTE

Landkarte »Armenien« im Maßstab 1:250 000, Reise Know-How Verlag, ISBN 978-3-8317-7273-5

Register

Impressum

Verantwortlich: Claudia Hohdorf
Lektorat: Anne Köhler
Layout: Elke Mader
Umschlaggestaltung: Sophie Schillo
Kartografie: Kartographie Huber, Heike Block
Repro: LUDWIG:media
Herstellung: Anna Katavic
Printed in Slovenia by Florjancic

Exklusiv für Sie als Leser:
MIT GPS-DATEN ZUM DOWNLOAD
unter: gps.bruckmann.de

★★★★★

Sind Sie mit diesem Titel zufrieden? Dann würden wir uns über Ihre Weiterempfehlung freuen. Erzählen Sie es im Freundeskreis, berichten Sie Ihrem Buchhändler oder bewerten Sie bei Onlinekauf. Und wenn Sie Kritik, Korrekturen oder Aktualisierungen haben, freuen wir uns über Ihre Nachricht an Bruckmann Verlag, Postfach 40 02 09, D-80702 München oder per E-Mail an lektorat@verlagshaus.de.

Unser komplettes Programm finden Sie unter www.bruckmann.de

Alle Angaben dieses Werkes wurden von den Autoren sorgfältig recherchiert und auf den neuesten Stand gebracht sowie vom Verlag geprüft. Für die Richtigkeit der Angaben kann jedoch keine Haftung übernommen werden, weshalb die Nutzung auf eigene Gefahr erfolgt. Insbesondere bei GPS-Daten können Abweichungen nicht ausgeschlossen werden. Sollte dieses Werk Links auf Webseiten Dritter enthalten, so machen wir uns die Inhalte nicht zu eigen und übernehmen für die Inhalte keine Haftung.

In diesem Buch wird aus Gründen der besseren Lesbarkeit das generische Maskulinum verwendet. Weibliche und anderweitige Geschlechteridentitäten werden dabei ausdrücklich mitgemeint, soweit es für die Aussage erforderlich ist.

Bildnachweis:
Die Bilder der Touren stammen vom jeweiligen Autor.
Umschlagvorderseite: Im Velebit-Gebirge in Kroatien (Jo Deleker)
Umschlagrückseite: Piste nach Teriberka in Russisch-Karelien (Andreas Hülsmann)

Die Deutsche Nationalbibliothek verzeichnet diese Publikation in der Deutschen Nationalbibliografie; detaillierte bibliografische Daten sind im Internet über http://dnb.d-nb.de abrufbar.

Infanteriestraße 11a
80797 München

ISBN 978-3-7343-2002-6

Berlin
Münster
Hannover
Potsdam
Poznań
Warschau
Brest
Oder
Weser
Leipzig
Bad Muskau
Dresden
Weichsel
LAND
Frankfurt
8
Prag
6
Krakau
UKRAIN
Darmstadt
Main
Pilsen
Kutná Hora
Speyer
Nürnberg
TSCHECHIEN
Stuttgart
Donau
7
Passau
9
München
SLOWAKEI
Bodensee
Linz
Wien
Bratislava
Kisch
Salzburg
Debrecen
Vaduz
ÖSTERREICH
Budapest
MOLD
10
Bozen
Klagenfurt
Graz
UNGARN
11
Mailand
Rovereto
Ljubljana
Brasov
Zagreb
Gardasee
Venedig
KROATIEN
Po
RUMÄNIEN
Genua
Bukarest
Bologna
BIH
Belgrad
SAN MARINO
Pag
Pisa
Zadar
Donau
Sarajevo
SERBIEN
Florenz
Split
13
14
BULGARIEN
Adriatisches Meer
Brac
Elba
ITALIEN
Dubrovnik
KOSOVO
Sofia
Burga
Podgorica
Plovdiv
Korsika
Rom
Skopje
12
NORDMAZE-DONIEN
Tirana
Bari
Neapel
ALBANIEN
Thessaloniki
Ponza
Sardinien
15
Tyrrhenisches Meer
Ägäisches
GRIECHEN-LAND
Liparische Inseln
16
Ionisches Meer
Palermo
Messina
Patras
ATHEN
Catania
Milos
Tunis
Sizilien
Santorin
TUNESIEN
17
MALTA
Valletta
Iráklion
Kreta